TURMA DA Mônica©

COMO? ONDE? POR QUÊ?

Perguntas e respostas sobre o corpo humano, os animais e o planeta Terra

MAURICIO DE SOUSA EDITORA

GIRASSOL

Dados Internacionais de Catalogação na Publicação (CIP)
(Câmara Brasileira do Livro, SP, Brasil)

De la Bedoyere, Camilla
Como? onde? por quê? / Camilla De la Bedoyere, Catherine Chambers, Chris Oxlade ; [ilustração Mauricio de Sousa ; tradução Monica Fleischer Alves]. -- 1. ed. -- Barueri, SP : Girassol Brasil, 2018. -- (Turma da Mônica)

Título original: Questions and answers: animals, science, oceans.
ISBN 978-65-5530-593-7

1. Animais - Literatura infantojuvenil 2. Literatura infantojuvenil I. Chambers, Catherine. II. Oxlade, Chris. III. Sousa, Mauricio de. IV. Título. V. Série.

18-18044 CDD-028.5

Índices para catálogo sistemático:
1. Animais : Literatura infantojuvenil 028.5
2. Animais : Literatura juvenil 028.5

Maria Alice Ferreira - Bibliotecária - CRB-8/7964

Estúdios Mauricio de Sousa

Presidente: Mauricio de Sousa

Diretoria: Alice Keico Takeda, Mauro Takeda e Sousa, Mônica S. e Sousa

Mauricio de Sousa é membro da Academia Paulista de Letras (APL)

Diretora Executiva
Alice Keico Takeda

Direção de Arte
Wagner Bonilla

Diretor de Licenciamento
Rodrigo Paiva

Coordenadora Comercial Editorial
Tatiane Comlosi

Analista Comercial
Alexandra Paulista

Editor
Sidney Gusman

Revisão
Ivana Mello

Editor de Arte
Mauro Souza

Coordenação de Arte
Irene Dellega, Maria A. Rabello

Produtora Editorial JR.
Regiane Moreira

Livro criado e produzido nos Estúdios Mauricio de Sousa

Designer Gráfico e Diagramação
Mariangela Saraiva Ferradás

Supervisão de Conteúdo
Marina Takeda e Sousa

Supervisão Geral
Mauricio de Sousa

GIRASSOL BRASIL EDIÇÕES LTDA
Av. Copacabana, 325 - 13º andar - Conj. 1301 -
Alphaville, Barueri - SP, 06472-001
leitor@girassolbrasil.com.br
www.girassolbrasil.com.br

Direção editorial: Karine Gonçalves Pansa
Coordenadora editorial: Carolina Cespedes
Assistente editorial: Talita Wakasugui
Tradução: Monica Fleisher Alves
Diagramação: Deborah Sayuri Takaishi

Impresso no Brasil

MAURICIO DE SOUSA EDITORA

Condomínio E-Business Park - Rua Werner Von Siemens, 111
Prédio 19 – Espaço 01 - Lapa de Baixo – São Paulo/SP
CEP: 05069-010 - TEL.: +55 11 3613-5000

www.turmadamonica.com.br

TURMA DA MÔNICA©

COMO? ONDE? POR QUÊ?

Perguntas e respostas sobre o corpo humano, os animais e o planeta Terra

MAURICIO DE SOUSA EDITORA

GIRASSOL

Sumário

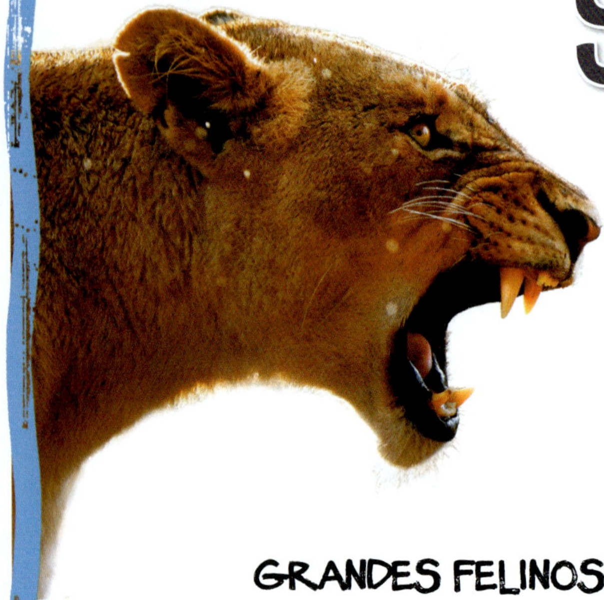

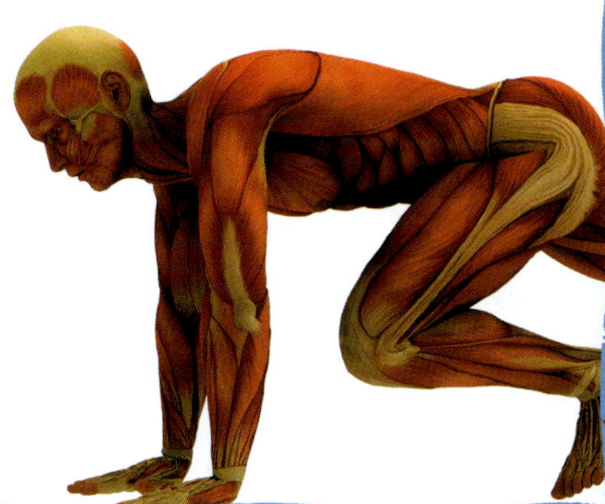

Grandes Felinos

Qual é o maior felino selvagem do mundo?

O tigre-siberiano, um dos maiores animais carnívoros do planeta. O mais pesado deles tinha 465 kg – isso equivale a aproximadamente 23 pessoas como você! Além disso, ele tem pelos bem grossos, o que conta bastante quando se vive em locais gelados.

onde vivem os tigres?

Os tigres são encontrados apenas no sul e no leste da Ásia, em florestas, bosques e pântanos. Costumavam viver em áreas muito mais amplas, mas o homem construiu casas e fazendas e foi ocupando a maior parte do espaço. Os tigres-siberianos vivem em florestas cobertas de neve, onde as temperaturas podem chegar a -50°C.

Cabeleira

Por volta dos 3 anos de idade, um pelo espesso começa a crescer em volta da cabeça e do pescoço dos leõezinhos machos. É a chamada juba.

Tigre-siberiano

Por que os filhotes de leão precisam sair de casa?

Por volta dos 3 anos de idade, os pais costumam colocar seus filhos (leõezinhos machos) para fora de casa. Nessa fase, já são velhos o bastante para se cuidar sozinhos. Logo, eles vão formar novos bandos e terão seus próprios filhotes.

Mapa

Os tigres--siberianos são encontrados apenas na Sibéria, no extremo leste da Rússia. Você consegue achar esse lugar em um mapa?

O que é um caracal?

O caracal é um tipo de gato selvagem pequeno que vive em locais quentes e secos, como os desertos. Ele caça pequenos animais, como ratos e lebres, e pode saltar a até 3 metros de altura para pegar um pássaro em pleno voo.

Para pensar!
As onças-pintadas nadam muito bem. Você conhece algum outro animal que também é capaz de nadar?

Quais felinos sabem nadar?

As onças-pintadas são exímias nadadoras. De todos os felinos, são as que mais gostam de água. Vivem em áreas pantanosas ou locais que inundam durante a estação chuvosa e adoram se refrescar na água dos rios. As onças-pintadas são encontradas principalmente na América do Sul e na América Central.

Gato fofinho

O gato-de-patas-negras, do sul do continente africano, é um dos menores felinos do mundo. Ele tem a metade do tamanho de muitos gatos de estimação.

Por que os filhotes de tigre precisam se esconder?

Os filhotes de tigre se escondem atrás de suas mães por segurança. Os tigres machos adultos matam todos os filhotes que não são seus. Menos da metade dos tigrezinhos nascidos em ambiente selvagem chegam aos 2 anos de vida.

Por que os tigres têm listras?

Os tigres têm listras para poderem se camuflar nos ambientes escuros e cheios de folhagens em que vivem. As listras também ajudam a esconder a forma de seu corpo, o que auxilia na hora da caça. Os tigres brancos que nascem na natureza têm menos chance de viver tanto quanto os tigres laranjas, porque não se camuflam tão bem.

Quais felinos correm perigo?

O número de linces no mundo vem diminuindo porque a quantidade de coelhos, seu principal alimento, vem caindo. O lince-ibérico, encontrado na Espanha e em Portugal, é o felino mais ameaçado. Tudo porque o homem derrubou a maior parte das florestas em que os coelhos vivem.

O que as jaguatiricas comem?

Jaguatiricas, também chamadas "onças-pintadas", são pequenos felinos encontrados principalmente nas Américas do Sul e Central. Elas comem diversos tipos de alimentos, entre eles ratos, aves, sapos, macacos, peixes, tartarugas e cervos.

Para pensar!

Quantos tipos de alimento você come por dia? Mais ou menos a mesma coisa que uma jaguatirica come?

Tarde demais!

Infelizmente, alguns felinos já se encontram extintos. É o caso do leopardo-nebuloso, de Formosa, e dos tigres do Cáspio, de Bali e de Java. Os últimos animais da espécie morreram!

Qual felino tem o pulo mais fenomenal?

Com certeza, é o serval africano. Com seus saltos, ele é capaz de atingir mais de 1 metro de altura e atravessar uma distância de até 4 metros. Raramente caça durante o dia: suas presas prediletas são sapos, gafanhotos e ratos silvestres. Os servais são como os guepardos, têm o corpo magro, gracioso e pintas irregulares.

Por que os felinos trocam de pelos?

O lince troca de pelos de acordo com o clima. Ele vive em florestas no norte da Europa e da Ásia. No verão, seu pelo é curto e ligeiramente marrom, mas, no inverno, a pelagem engrossa e fica cinzenta. Isso o ajuda a se esconder e se camuflar em meio à paisagem.

Impressões digitais!

As listras dos tigres funcionam como as nossas impressões digitais. Ou seja, dois animais nunca terão exatamente o mesmo padrão de listras no pelo. Legal, não?

Por que os leões rugem?

Os leões rugem para afastar outros que ousem entrar em seu território. E também rugem para alertar os outros membros de seu bando, para que saibam onde estão. O rugido do leão é tão alto que pode ser ouvido a cerca de 10 quilômetros de distância!

Roupas

Os felinos se mantêm aquecidos graças à sua grossa camada de pelos. Com esse casaco peludo, eles estão sempre quentinhos!

Por que os leopardos sobem em árvores?

Os leopardos sobem em árvores para descansar ou para comer seus alimentos em segurança. Esses felinos costumam matar animais bem maiores que eles. São excelentes alpinistas, e são fortes o bastante para arrastar suas presas para cima de uma árvore, longe de outros animais famintos.

Leopardo

Mão na massa

Usando pintura facial, peça para um adulto maquiar seu rosto. Que tal fazer pintinhas, como as de um leopardo?

Como os humanos podem ajudar os felinos?

Os seres humanos podem ajudar os felinos protegendo as áreas de florestas tropicais e pradarias em que esses animais vivem. Essas áreas são chamadas de "reservas". Nelas, é proibido cortar as árvores, para que, assim, os animais possam viver em segurança.

Sem barco? Flutue!

Os antigos soldados chineses costumavam encher as peles de animais para atravessar rios profundos. Para isso, usavam a boca para soprar o ar e, para mantê-lo lá dentro, cobriam a pele com gordura.

Qual o alimento favorito do puma?

Coelhos, lebres e ratos são os alimentos favoritos do puma. Mas eles atacam animais maiores também. Os pumas chegaram a ameaçar humanos que construíram casas próximas aos seus habitats naturais.

Por que os guepardos correm muito?

Porque os guepardos são os animais terrestres mais rápidos do mundo. E bota rápido nisso! Segundos depois de iniciar a perseguição a uma presa, um guepardo pode atingir sua velocidade máxima de 120 km/h – tão rápido quanto um carro! Os guepardos têm 30 segundos para capturar suas presas antes de se sentirem esgotados e sem energia!

Mão na massa

Com pratos de papel e alguns canudinhos como bigodes, faça uma máscara de tigre. Corte dois buraquinhos no lugar dos olhos e pinte com listras!

Por que as pessoas caçam os felinos?

Principalmente por causa de seu lindo pelo. Por muitos anos, os felinos foram mortos às centenas de milhares para que as pessoas pudessem usar suas peles para se aquecer. Os tigres, em especial, foram caçados em função de partes de seus corpos serem muito usadas na medicina chinesa.

Você não me pega!

Apesar de os guepardos serem supercorredores, apenas metade de suas perseguições termina com uma captura. Às vezes, eles assustam as presas antes de se aproximarem o suficiente para atacar.

Guepardo

Tigre

Quando os tigres saem para caçar?

Quase todos os felinos, inclusive os tigres, caçam à noite. É mais fácil para o tigre se aproximar furtivamente da presa quando há menos luz. Ele ainda pode viajar muitos quilômetros por noite enquanto caça. Seu alvo principal são cervos, porcos selvagens, gado em geral e macacos.

onde vivem os guepardos?

Os guepardos vivem em pradarias chamadas "savanas". A savana é seca, plana e aberta, e lar de muitos outros animais, como gazelas, gnus e zebras. Uma das mais conhecidas é a Serengeti, na África.

Guepardos caçando na savana

Por que os felinos lavam a cara?

Os felinos lavam a cara para espalhar seu cheiro pelo corpo. Eles têm algumas partes do corpo que produzem odores, são glândulas que ficam em seus queixos. Usam as patas para tirar o cheiro dessas glândulas e, quando andam, marcam sua área ou território.

No jardim

Hora de brincar com um amigo! Arranje algumas pedrinhas e gravetos e use-os para marcar o território de cada um no jardim.

Desacelere!

Na selva, os guepardos têm vida curta. A velocidade de sua corrida vai ficando mais lenta à medida que envelhecem e, com isso, eles deixam de ser bem-sucedidos quando caçam.

Quando os tigres se alimentam?

Às vezes, os tigres passam uma semana sem comer. Quando capturam um animal, comem até 40 quilos de carne. Assim, podem ficar sem se alimentar nos próximos oito ou nove dias.

Quais felinos vivem nas florestas tropicais?

Tigres e leopardos vivem nas florestas úmidas da Índia, e as onças-pintadas, nas da América do Sul. Nelas, faz calor o ano inteiro, embora as chuvas sejam frequentes.

Onça-pintada

Como as onças--pintadas caçam?

As onças-pintadas jovens sobem nas árvores em busca de aves e pequenos animais. As adultas são pesadas demais para os galhos e, por isso, ficam no chão à procura de cervos, pequenos mamíferos e, às vezes, gado e cavalos.

Para brincar!

Que tal brincar de caçar como os filhotes de leão? Mas não vale morder ninguém!

Filhotes de leão

Como os filhotes aprendem a caçar?

Os filhotes aprendem a caçar brincando. Até uma tartaruga é motivo de diversão e, brincando assim, os filhotes desenvolvem a habilidade da caça. Muitas mães levam para os filhotes um animalzinho vivo para que eles possam praticar a captura.

É um embrulho!

Os antigos egípcios ficaram muito conhecidos por suas "múmias". Eles mumificaram até animais, incluindo gatos, aves e crocodilos.

Como o leopardo-das-, -neves se mantém aquecido?

Os leopardos-das-neves vivem nas montanhas nevadas da Ásia Central. Para se aquecerem no inverno, seu corpo ganha uma grossa camada de pelo e uma camada extra de gordura sob a pele. Eles também enrolam a longa cauda em volta do corpo quando vão dormir e, assim, mantêm-se quentinhos.

Qual felino é o melhor pescador?

A onça-pintada é especialista em pesca. Às vezes, antes de atacar, ela balança a cauda na água para enganar os peixes famintos. Suas garras são tão poderosas que conseguem quebrar com facilidade até casco de tartaruga.

Raquete nos pés!

O tigre-siberiano tem enormes patas acolchoadas. Estas funcionam como sapatos próprios para a neve, em forma de raquete, impedindo que o tigre afunde enquanto anda.

Mão na massa

Pinte um desenho do seu felino favorito. Use as cores de que mais gosta e escolha um nome para ele.

Como os tigres se refrescam?

Os tigres, como os tigres-de--bengala, vivem em locais que se tornam extremamente quentes no verão. Eles podem ser vistos deitados em poças d'água para se refrescar ou descansando à sombra de uma árvore para se livrar do sol forte.

Qual é o felino mais misterioso?

O felino mais misterioso de todos é o leopardo--nebuloso. Ele é tão tímido e raro que é incomum avistar um. Esses leopardos atingem 2 metros de comprimento, metade dos quais é de sua cauda. É com ela que o leopardo se equilibra enquanto salta entre as árvores.

Por que os felinos sempre caem de pé?

Os felinos têm o corpo flexível e músculos fortes. Se um felino, como o caracal, cai de uma árvore, ele pode retorcer seu corpo para cair de pé. Seus músculos e juntas recebem o impacto do chão para um pouso suave.

Um caracal caindo de pé

Dentões!

O tigre-dentes-de-sabre realmente existiu, cerca de 10 mil anos atrás. Ele era do tamanho de um leão pequeno e seus dentes tinham 25 centímetros de comprimento!

Quantos filhotes os tigres têm?

Normalmente os tigres têm entre dois e quatro filhotes. A gravidez da mamãe tigre dura três meses e os filhotes nascem cegos, e aos poucos sua visão vai se adaptando ao mundo que os cerca. A maior parte dos nascimentos ocorre à noite, provavelmente por ser mais seguro.

Meu tamanho

Usando uma fita métrica, veja se você tem o mesmo tamanho do leopardo--nebuloso.

Por que os felinos são conhecidos como perfeitos caçadores?

Porque eles têm visão e audição excelentes, corpos fortes e garras e dentes afiados. O pelo de muitos felinos, como os leões, se mistura com o ambiente ao seu redor, o que significa que eles podem caçar enquanto estão camuflados.

Leão caçando

Como os felinos enxergam no escuro?

Os felinos têm células especiais no fundo dos olhos e estas refletem a luz. Por isso, eles veem claramente os objetos até mesmo à meia-luz, o que explica por que caçam à noite. Os felinos enxergam quatro vezes melhor que os humanos no escuro.

Leoa à noite

De olho em você!

Ter uma visão apurada tanto de dia quanto à noite, como a dos felinos, traz grandes vantagens. Uma delas é conseguir detectar suas presas, mesmo que elas estejam distantes.

Supervisão

Você consegue enxergar no escuro? Desligue a luz e espere que seus olhos se acostumem à escuridão. Está vendo alguma coisa?

Quem são os inimigos dos felinos?

Os felinos não têm muitos inimigos naturais. Entretanto, eles se mantêm atentos a outros animais, como as hienas, que se agrupam para roubar seu alimento. Um grupo de hienas pode atacar e matar um felino se este estiver fraco ou ferido.

Teste

Você se lembra de tudo o que leu a respeito dos felinos? Estas perguntas vão testar sua memória. Se ficar em dúvida, leia outra vez.

1. Qual é o maior felino selvagem do mundo?
2. Quais felinos sabem nadar?
3. Quais felinos correm perigo?
4. O que as jaguatiricas comem?
5. Qual felino tem o pulo mais fenomenal?
6. Como os humanos podem ajudar os felinos?
7. Por que as pessoas caçam os felinos?
8. Quando os tigres saem para caçar?
9. Por que os felinos lavam a cara?
10. Como os filhotes aprendem a caçar?
11. Qual é o felino mais misterioso?
12. Quantos filhotes os tigres têm?
13. Quem são os inimigos dos felinos?

Respostas

1. O tigre-siberiano.
2. As onças-pintadas.
3. O lince – especialmente o lince-ibérico.
4. Ratos, aves, sapos, macacos, peixes, tartarugas e cervos.
5. O serval africano.
6. Criando "reservas" protegidas.
7. Por causa de seu lindo pelo.
8. À noite.
9. Para espalhar seu cheiro pelo corpo.
10. Brincando.
11. O leopardo-nebuloso.
12. Entre dois e quatro filhotes.
13. Nenhum, mas as hienas podem ser uma ameaça.

Filhotes

Quem é a melhor mamãe?

De modo geral, os animais tomam conta de seus filhotes, em especial os mamíferos, mas um dos mais cuidadosos é o orangotango. Eles alimentam suas crias por pelo menos 3 anos e dormem juntinhos toda noite. Um filhote de orangotango vive o tempo todo ao lado da mãe, até mais ou menos os 7 ou 8 anos.

Filhote de orangotango

Bom de boca!

O filhote da baleia-azul toma cerca de 400 litros de leite materno por dia. Essa quantidade de líquido seria suficiente para você tomar pelo menos cinco banhos.

Qual sapo é o melhor pai?

O dendróbates! O macho cuida dos ovos enquanto estão se desenvolvendo. Quando esses ovos eclodem e se transformam em girinos, ele os leva a um outro local para crescerem de forma segura.

Passado

Como você era quando bebê? Encontre fotos de quando você tinha alguns meses de vida e observe.

Como são os filhotes de sapos?

Os filhotes dos sapos são os girinos. Completamente diferentes de seus pais, são pequenas criaturas nadadoras, sem patas e com cauda longa. Usam brânquias para respirar na água. À medida que crescem, os girinos vão ganhando patas e perdem a cauda.

Por que os filhotes de cervo têm pintas?

O "casaco" pintadinho do filhote de cervo faz com que seja difícil visualizá-lo no meio da floresta em que vive. Quando o sol brilha e tem sua luz refletida nas folhas e nos galhos, cria manchas claras no chão da floresta – iguaizinhas às pintas das costas do filhote de cervo. Dessa forma, o animal se camufla de possíveis predadores.

Imaginação

Finja que você é uma mamãe passarinho e faça um ninho fofinho usando cobertores e travesseiros.

Como os macacos limpam seus bebês?

Eles limpam seus filhotes com os dedos, tirando do pelo pedacinhos de pele morta, insetos e sujeira. Muitos animais também lambem os filhotes para mantê-los limpinhos.

Família de macacos

Papo de tromba

Os elefantes usam suas trombas para muitas coisas, como pegar comida nas árvores. Por isso os filhotes de elefantes aprendem ainda pequenos a usar suas trombas.

O que os filhotes de tubarão comem?

Por mais estranho que pareça, alguns filhotes de tubarão comem outros filhotes de tubarão! Os ovos do tubarão-touro, por exemplo, eclodem dentro do corpo da mãe. Os primeiros a sair se alimentam dos outros. Quando nascem, os tubarõezinhos têm cerca de 1 metro de comprimento.

Por que os cangurus têm bolsas?

Os cangurus têm bolsas na barriga para manter seus filhotes em segurança. Ao nascer, o filhote de canguru é fraco e muito pequenininho. Ele vive na bolsa da mãe, onde se alimenta e cresce até ter força suficiente para se cuidar sozinho.

Para pensar!
Cachorrinho, gatinho, pintinho... de quantos outros nomes de filhotes você consegue se lembrar?

Filhote de tartaruga marinha

Onde as tartarugas nascem?

As tartarugas vivem no mar, mas põem seus ovos em terra. A mamãe tartaruga nada até alguma praia e lá cava um buraco no qual ela bota seus ovos. Quando os ovos eclodem, os filhotes fazem seu caminho de volta para o mar.

Cuidado!

A vida familiar é perigosa para o louva-a-deus, um tipo de inseto. A mãe é maior que o pai – e frequentemente ela o come!

Qual animal demora mais tempo para nascer?

Gestação (ou gravidez) é a palavra usada para o tempo que leva para o bebê crescer dentro da barriga da mãe. A elefanta é o animal que tem a gestação mais longa – mais de 21 meses –, o que quer dizer quase dois anos!

onde vivem os filhotes de coelho?

Os coelhinhos vivem em um ninho acolhedor chamado toca. A toca fica debaixo da terra e é forrada de feno, palha e pelos para que os pequeninos se mantenham quentinhos.

Quando os potros podem andar?

Poucas horas depois de nascer! Os potros precisam saber andar logo após o nascimento, já que em ambiente selvagem pode ser necessário escapar de animais predadores. Para sua segurança, eles também precisam ficar perto de suas mamães.

Potro

Vorazes!

As lagartas passam todo o seu tempo comendo, e podem superar o peso que tinham ao nascer em mais de 30 mil vezes!

Desenhando

Qual é o seu filhote favorito? Faça um desenho dele bem bonito.

Por que alguns filhotes dão risada?

Gorilas, chimpanzés e orangotangos riem quando estão brincando ou fazendo cócegas uns nos outros, como nós fazemos. Os cientistas acreditam que muitos outros animais, como os cães, também podem rir.

Como os filhotes de urso-polar se aquecem?

Os ursos-polares vivem no Ártico, onde faz muito frio o tempo todo. Por isso, a mamãe urso cava uma toca sob a neve onde nascem seus filhotes. Eles ficam lá até os três meses de vida. A toca é surpreendentemente quente e aconchegante!

Imaginação

Você seria uma boa mãe ou um bom pai? Imagine que seu ursinho de pelúcia é um bebê e cuide dele um dia inteiro.

1 A lagarta sai do ovo

2 Forma-se uma pupa

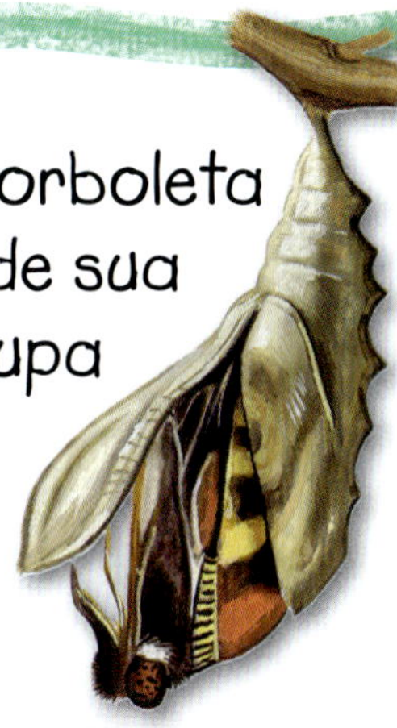

3 A borboleta sai de sua pupa

Como as lagartas viram borboletas?

Quando a lagarta cresce e atinge seu tamanho máximo, ela para de comer e faz um casulo duro, chamado pupa, em volta de si. Dentro da pupa, o corpo da lagarta se transforma em uma borboleta. Depois de formada, a borboleta então quebra a pupa e sai voando.

4 A borboleta voa

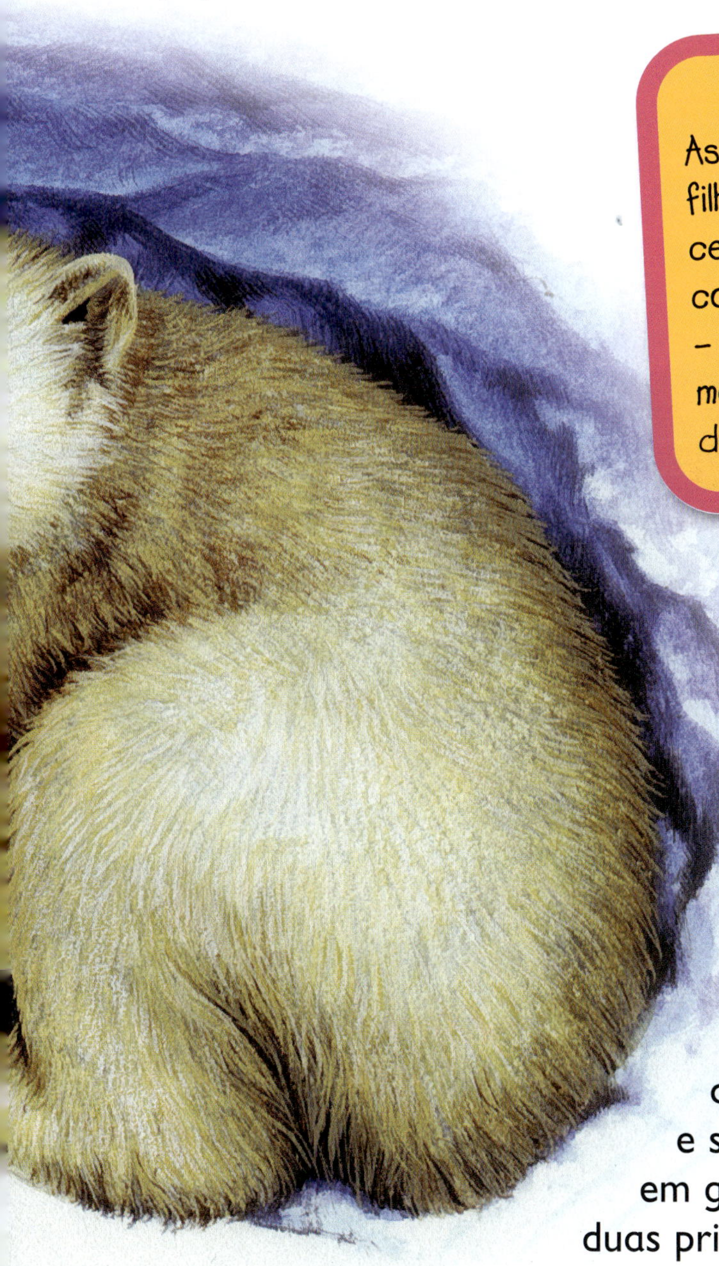

Bebezão

As baleias-azuis têm os maiores filhotes do mundo. Eles têm cerca de 8 metros de comprimento ao nascer – isso é mais ou menos o mesmo espaço ocupado por dois carros em fila!

Por que os escorpiões carregam suas crias nas costas?

Para que as crias cresçam e estejam fortes o suficiente para se cuidarem sozinhas. Elas sobem nas costas da mãe logo que saem dos ovos e são carregadas, em geral, durante as duas primeiras semanas de vida.

Como as preguiças dão à luz?

As preguiças têm seus filhotes penduradas nas árvores, de cabeça para baixo! O filhote então fica juntinho da mãe, preso ao pelo dela nos primeiros nove meses de vida.

Mamãe preguiça e seu filhote

Mão na massa

Com pedaços de massinha, monte um ninho de passarinho e depois faça alguns ovinhos para pôr dentro.

Rainha das abelhas

A abelha-rainha põe todos os ovos da sua colmeia, mas não cuida deles. Esse trabalho é feito pelas abelhas-operárias!

Como os filhotes de pinguim se mantêm aquecidos?

Os pinguins costumam viver em locais gelados e, para se aquecerem, se juntam e se abraçam – os filhotes ficam em cima das patas dos pais. Eles trocam de lugar para que cada um tenha a sua vez de ficar no meio do grupo – o lugar mais quentinho.

Como os filhotes de pássaro arranjam comida?

A maior parte das aves é alimentada pelos pais. As adultas trabalham bastante para encontrar comida gostosa para seus filhotes. Estes parecem estar sempre com fome e esperam pelos pais de bicos abertos.

Mamãe passarinho e seu filhote

Por que os filhotes de elefante abandonam a manada?

Os elefantes machos deixam os familiares mais próximos, a chamada manada, para viver sozinhos ou com outros machos. As fêmeas, por sua vez, permanecem sempre com a sua manada.

Mão na massa

Ache várias fotos de filhotes de animais. Recorte e cole tudo para fazer um quadro.

Como um pintinho sai do ovo?

Tanto os pintinhos quanto os filhotes de passarinhos têm uma espécie de dente bem pequeno sobre o bico, é o chamado "dente de ovo". Quando está pronto para nascer, o filhote usa esse dente para fazer um furinho na casca e sair.

Mamãe atarefada

A fêmea do gambá pode ter até 13 filhotes por vez. Ao nascer, eles são pequeninos e ficam ao lado da mãe por mais ou menos três meses.

Onde os texugos vivem?

Os texugos vivem no subsolo, em tocas muito elaboradas, forradas com musgo, samambaias e folhas secas. Eles costumam trazer tudo isso para fora de tempos em tempos, trocando por material novo, mantendo assim seus ninhos completamente limpos.

Como os leões se preparam para caçar e lutar?

Para praticar a habilidade da caça, os leões aprendem como fazer desde pequenos com as mães. As leoas ensinam a caça aos filhotes trazendo pequenos animais para serem capturados. Os pequenos então ficam a uma distância segura vendo as mães caçarem.

1 Filhote de cobra quebrando a casca do ovo

2 Totalmente fora do ovo

Como as cobras se reproduzem?

A maior parte das cobras põe ovos, embora algumas deem à luz seus filhotes. A casca do ovo de cobra é dura, curva e à prova d'água, ao contrário do ovo da galinha. As cobras fêmeas geralmente põem de 5 a 20 ovos por vez.

Bocão

O peixe incubador bocal mantém seus ovos a salvo dentro da boca enquanto eles se desenvolvem e crescem.

Por que alguns ovos têm forma de pera?

O airo é um tipo de ave marinha que faz seu ninho em penhascos. Seus ovos têm a forma de uma pera, com uma das extremidades mais pontuda que a outra. Isso significa que o ovo, se derrubado, rola ao redor do próprio eixo e não despenca do penhasco.

Mão na massa

Peça para um adulto ferver alguns ovos para você. Depois, pinte suas cascas.

Quando os filhotes de raposa saem da toca?

Os filhotes de raposa nascem cegos e desamparados e, por isso, ficam em suas tocas nas primeiras semanas de vida. Se esse espaço for ameaçado, a mamãe raposa precisa levar os filhotes para outro lugar. **A maioria dos filhotes começa a sair da toca com mais ou menos quatro semanas de vida.**

Por que os cucos botam ovos rapidamente?

Porque eles botam ovos em ninhos de outras aves, em vez de fazer os seus próprios. A outra ave então cuida e alimenta o filhote de cuco. O cuco põe ovos em apenas nove segundos – a maior parte das aves leva muitos minutos!

Filhote esperto

O filhote de gorila se desenvolve bem mais rápido que o bebê humano. Ele é capaz de engatinhar aos dois meses e andar aos nove.

Para pensar!

Quando precisam dos pais, os bebês humanos choram. Que tipo de barulho você acha que uma avezinha faz para chamar atenção?

Qual ave tem o ninho mais seguro?

A fêmea do calau faz seu ninho no oco de uma árvore. O macho então fecha o buraco com lama, deixando a fêmea e os ovos fora do alcance dos caçadores. Ele deixa um buraquinho aberto para que possa alimentá-la enquanto ela está lá dentro.

O calau macho alimentando a fêmea

O que os guepardos comem?

Os guepardos e seus filhotes são carnívoros e se alimentam de gazelas, impalas, filhotes de gnu, lebres, aves e até mesmo insetos. Guepardos são hábeis caçadores. Seguem a presa em silêncio, aproximam-se e atacam de surpresa.

Filhotes de guepardo

Por que os filhotes de foca--da-groenlândia são brancos?

As focas-da-groenlândia vivem no gelado Ártico. O pelo dos filhotes é branquinho para que possam se esconder dos ursos-polares, seus maiores predadores. O pelo fofinho também ajuda a manter as pequenas focas bem quentinhas.

Filhotes de foca-da-groenlândia

O que os filhotes de panda comem?

O filhote de panda se alimenta do leite da mãe até os nove meses mais ou menos. Já os adultos comem bambu, coisa que os filhotes só vão começar a fazer com cerca de seis meses.

Pesquisa

Alguns filhotes de vespa se alimentam de esterco – cocô de animais! Descubra o que outros filhotes de animais gostam de comer.

Mãe maravilhosa

A fêmea do polvo é uma grande mãe. Ela protege os ovos por cerca de um mês, enquanto eles crescem. Ela não os abandona nem para procurar comida.

Como a mamãe rinoceronte protege seus filhotes?

A mamãe rinoceronte fica uma fera quando alguém fica atrás de suas crias. Se hienas ou outros animais tentarem atacar os pequenos, ela parte para cima usando seu chifre afiado para afastar todo e qualquer predador.

Mamãe rinoceronte e seu filhote

Quando os espinhos dos filhotes de ouriço tornam-se afiados?

Felizmente para as mamães ouriços, ao nascer os filhotes têm espinhos macios. Eles endurecem à medida que o filhote cresce, até se tornarem afiados e bem fortes.

Passado

Pergunte a seus pais com que idade você começou a engatinhar, a andar e a falar.

Ninho quente

O faisão-australiano bota seus ovos em um monte de terra e folhas. A ave verifica a temperatura com o bico para ter certeza de que os ovos ficarão quentinhos.

Como é a mamãe jacaré?

A mamãe jacaré é superatenciosa, diferente do papai jacaré, que não participa da criação de seus filhotes. Ela protege os ovos e ajuda as crias a saírem de lá. Depois, ela carrega os pequenos na boca e leva todos eles para a água, para nadar.

Teste

Você se lembra de tudo o que leu a respeito dos filhotes do mundo animal? Estas perguntas vão testar sua memória. Se ficar em dúvida, leia outra vez.

1. Por que os filhotes de cervo têm pintas?
2. Onde as tartarugas nascem?
3. Onde vivem os filhotes de coelho?
4. Quando os potros podem andar?
5. Por que os escorpiões carregam suas crias nas costas?
6. Como as preguiças dão à luz?
7. Como os filhotes de pássaro arranjam comida?
8. Como um pintinho sai do ovo?
9. Onde os texugos vivem?
10. Como as cobras se reproduzem?
11. Qual ave tem o ninho mais seguro?
12. Por que os filhotes de foca-da-groenlândia são brancos?
13. Como a mamãe rinoceronte protege seus filhotes?

Respostas

1. Para ajudá-los a se camuflar na floresta em que vivem.
2. Elas nascem em terra e depois voltam para o mar.
3. Na toca.
4. Poucas horas depois de nascer.
5. Para protegê-las de qualquer perigo.
6. De cabeça para baixo, penduradas nas árvores.
7. Eles são alimentados por seus pais.
8. Usando seu "dente de ovo" para fazer um furinho na casca e sair.
9. No subsolo, em tocas muito elaboradas.
10. Algumas põem ovos, já outras dão à luz seus filhotes.
11. O calau.
12. Eles têm o pelo branquinho para se camuflar na neve.
13. Usando seu chifre afiado para afastar qualquer predador.

Macacos

Quem são os primatas?

São mamíferos que compreendem os macacos, símios, lêmures e seres humanos. Eles têm o cérebro grande e são muito espertos. Os primatas costumam ser peludos e têm mãos com polegares e unhas.

Macaco-aranha

Bebê chorão

Os gálagos são primatas barulhentos que vivem nas florestas. Quando eles chamam uns aos outros, parecem bebês chorando.

Racha cuca

Que tal formar palavras usando as letras A e C?

Quando os gorilas tornam-se assustadores?

Os gorilas geralmente são animais encantadores. Mas se tornam ferozes e violentos se tiverem que proteger suas famílias. Os machos podem até morrer lutando para salvar sua cria.

Por que os macacos têm cauda?

As caudas ajudam os animais a subir nas árvores e a se equilibrar. Mas também existem os macacos sem cauda, que geralmente são maiores que os outros e passam a maior parte do tempo em terra. Gorilas, chimpanzés, bonobos, orangotangos e gibões estão nesse grupo.

Orangotango

Por que os társios passam a noite acordados?

Animais noturnos dormem durante o dia e acordam quando o sol se põe. Os társios têm olhos enormes que os ajudam a enxergar na escuridão. Eles podem girar totalmente a cabeça, assim, são capazes de ver até o que está atrás deles.

Társio

Como os bonobos gostam de brincar?

Em especial os bonobos que vivem em zoológicos têm um jeito próprio de brincar de "cabra-cega"! Eles cobrem os olhos e tentam andar sem trombar nas coisas.

Cabra--cega

Peça a um adulto para ajudar você a organizar a brincadeira de "cabra-cega" com seus amigos.

Qual dos lêmures tem a cauda listrada?

O lêmure-de-cauda-anelada tem uma cauda longa e peluda, com anéis brancos e pretos. Os machos têm a cauda malcheirosa e, quando lutam, esfregam a cauda um no outro.

Lêmure-de--cauda--anelada

Segura firme!

Os lêmures correm e pulam pelas árvores. Para não cair, os filhotes precisam se agarrar com força ao pelo de suas mães!

Por que os chimpanzés lambem gravetos?

Porque esses gravetos ficam cobertos de cupins suculentos! Os chimpanzés cutucam os ninhos e os cupins pululam sobre os gravetos, que se transformam numa deliciosa refeição.

Chimpanzés

Emojis

Use a internet para descobrir os símbolos para "beber" e "obrigado".

Macaco guloso!

O macaco-de-gibraltar tem grandes bolsas nas bochechas. Quando procuram comida, eles enfiam tudo nessas bolsas e guardam para comer depois.

Quais macacos gostam de tagarelar?

Os chimpanzés! Uma chimpanzé chamada Washoe aprendeu a usar a língua dos sinais para se comunicar. Ela usava as mãos para fazer sinais para várias palavras, como "bebida" e "comida".

Macaco-esquilo

Por que os macacos dormem nas árvores?

Os macacos podem se esconder entre os galhos das árvores e, por isso, se sentem mais seguros lá em cima do que no chão. Animais que procuram outros animais para comer são chamados predadores. Entre os predadores dos macacos-esquilos, estão águias, babuínos e porcos-espinhos.

Quem é o macaco mais amoroso?

Os chimpanzés podem ser muito amorosos com os membros de suas famílias. Eles gostam de se sentar perto, se abraçar, beijar e cuidar uns dos outros. Se ficam irritados, eles tossem. E quando estão bravos, os chimpanzés berram e choram.

Chimpanzés

Por que os primatas usam ferramentas?

Alguns primatas usam ferramentas que os ajudam a encontrar comida. Os macacos--pregos usam pedras pesadas para quebrar frutos duros. Alguns ensinam outros a fazer isso.

Macaco-prego

Alerta vermelho!

As pessoas adoram ver os chimpanzés. Infelizmente, alguns são tirados das florestas e levados para zoológicos ou até para serem vendidos como animais de estimação.

Pesquisa

Procure nos livros ou na internet outros animais que usam ferramentas.

Por que os babuínos gostam de se exibir?

Os babuínos machos adoram se exibir para as fêmeas. Eles desfilam para mostrar seus músculos fortes, os dentes grandes e o pelo fino.

Como os primatas ajudam as florestas a crescer?

Comendo plantas e frutas, eles ajudam na formação de árvores e arbustos. Com suas fezes, eles também acabam espalhando as sementes que comeram e são expelidas de seu corpo. O cocô dos primatas aduba o solo e faz novas plantas crescerem.

Macaco

Por que o lóris-lento é lento?

O lóris-lento gosta de levar a vida "numa boa". Os movimentos suaves fazem com que ele economize energia e, por isso, não precise de grandes quantidades de comida. Ele também ajuda outros animais a se esconderem de predadores.

Lóris-lento

Corrida

Organize uma corrida lenta com seus amigos. A última pessoa a chegar é a campeã!

Olho vivo nos insetos!

Os primatas de movimento lento podem se aproximar de suas presas sorrateiramente, como os insetos, e atacam no último segundo.

Quando os macacos caem das árvores?

Quando estão com muita fome! Ovos de pássaros são um convite e tanto. Aves espertas fazem seus ninhos em galhos finos, que não aguentam o peso dos macacos.

Quem é o primata mais rápido?

Os gibões são mais velozes que qualquer outro primata. Eles podem se balançar muito rapidamente entre as árvores – a mais de 56 km/h. E são capazes de atravessar até 15 metros num único salto.

Como os macacos se alimentam?

Alguns comem quase tudo o que encontram pelo caminho. Os macacos-caranguejeiros vivem em regiões pantanosas e podem capturar caranguejos e sapos em águas rasas. Às vezes, eles até se atiram na água para nadar.

Como são as mãos e os pés dos primatas?

Em vez de patas e garras, os primatas têm dedos, como os humanos. Isso quer dizer que eles tanto podem se agarrar aos galhos como podem, delicadamente, pegar coisas pequenas.

Contando

Se um macaco consegue pegar cinco caranguejos, quantos caranguejos três macacos conseguem pegar?

Velocistas

Os macacos-aranhas são alguns dos primatas mais ligeiros numa escalada. Eles têm braços, pernas e cauda bem compridos.

Qual é o maior macaco do mundo?

Os mandris machos são os maiores macacos do mundo. Eles também são os mais coloridos entre os animais com pelos. Os mandris têm presas enormes que podem chegar aos 7 centímetros de comprimento. Os machos são duas vezes maiores que as fêmeas.

Mandril

Por que os chimpanzés fazem caretas?

Os chimpanzés fazem caretas para mostrar o que estão sentindo. Eles fazem bico para chamar a atenção, abrem a boca quando querem brincar e exibem os dentes se estiverem preocupados.

Imitação
Tente fazer caretas iguais às dos chimpanzés na frente de um espelho. E faça cara de bravo também.

Fazendo bico

Boca aberta

Dentes expostos

Floresta à vista!
Os lindos micos-leões-dourados foram muito populares nos zoológicos, mas agora, aos poucos, eles estão sendo levados de volta às florestas, onde podem viver livres.

Qual macaco tem bigode?

O sagui-imperador tem longos bigodes brancos. Outros micos têm o pelo dourado, coroas de pelos brancos, barbas ou orelhas peludas. Os micos vivem na América do Sul.

Qual macaco muda de cor?

O langur-prateado é um macaco que muda de cor! Esses macacos têm o pelo cinza-prateado, mas seus filhotes nascem com um brilhante pelo alaranjado. Após três meses, o pelo cinza começa a crescer. Ninguém sabe por que os filhotes são alaranjados, mas isso deve fazer com que macacos mais velhos sejam gentis com eles.

Qual é o macaco que tem o bumbum colorido?

Um mandril macho saudável tem um brilhante bumbum colorido. O bumbum careca tem tons de azul, rosa ou lilás. As fêmeas geralmente têm o bumbum rosa ou vermelho brilhante.

Cauda prática!

Os macacos usam a cauda como um braço ou perna extra. Por isso, eles podem se pendurar nas árvores.

Por que o sifaka pula?

Pular é o jeito rápido que os sifakas (um tipo de lêmure) usam para andar. Eles ficam eretos, com os braços esticados, e pulam de lado pelo solo. Os sifakas esticam a cauda para não cair enquanto saltitam e pulam pra lá e pra cá.

Sifaka

Imaginação

Faça de conta que você é um sifaka e... saia pulando!

Qual é o tamanho dos gorilas?

Os gorilas machos adultos são enormes! Também chamados de "costas prateadas", têm mais de 1,80 metro de altura e pesam cerca de 300 quilos. É o equivalente ao peso de quase quatro pessoas!

Gorila

Qual é o macaco que muda a cor da cara?

É o uacari-vermelho. Quando nascem, os filhotes têm a cara cinza, mas, à medida que crescem, ela se torna bem vermelha.

Uacari-vermelho

Banho divertido!

O orangotango Suryia vive em um parque selvagem. Ele sempre adorou espirrar água quando estava no banho e era levado para uma piscina. Hoje é capaz de nadar embaixo d'água.

Por que os gorilas batem no peito?

Quando o gorila-de-costas-prateadas fica de pé e bate no peito, está na hora de se afastar rapidinho! Esta é a forma que ele tem de mostrar que está ficando bravo e pode atacar.

Qual macaco tem um narigão?

No Sudeste Asiático, existem macacos pequenos com narizes grandes. São os chamados macacos--narigudos.

O nariz dos machos é maior. Quando eles correm, seus narizes balançam para cima e para baixo!

Macacos--narigudos

Mão na massa

Com cartolina e canetinhas coloridas, crie máscaras de macaco.

Por que o cercopithecus neglectus tem a barba branca?

Para assustar outros macacos! Esses animais também têm presas compridas. Quando abrem bastante a boca, a barba e os dentes os deixam com um aspecto aterrorizante.

Cercopithecus neglectus

Corre, gorila!

Todo ano, pessoas de várias partes do mundo se fantasiam de gorila e correm 7 km. Elas fazem isso para arrecadar fundos para ajudar os gorilas que ainda vivem nas selvas.

Por que os orangotangos se mantêm secos?

Os orangotangos vivem nas florestas tropicais, onde chove muito todo dia. Mas como são muito espertos, usam folhas grandes como guarda-chuvas e as seguram sobre as cabeças para se manterem secos.

Como os macacos se aquecem?

A maior parte dos macacos vive em locais quentes. Mas os macacos-japoneses vivem em áreas montanhosas onde sempre faz muito frio. Para se aquecer, eles ficam imersos em piscinas de água quente que brota da terra.

Por que os gálagos saltam?

Eles saltam para capturar suas presas. Movimentam-se rapidamente e são capazes de pegar, de surpresa, escorpiões e aranhas. Num único salto, os gálagos podem atravessar até 10 metros!

Para pensar!

Você é capaz de imaginar quantos metros um gálago pode atravessar com três saltos?

Sorte de alguns!

Apenas alguns sortudos macacos-japoneses têm fontes termais para mergulhar. Outros precisam se agrupar para se manterem aquecidos quando o vento frio traz a neve.

Qual primata tem duas línguas?

Os gálagos usam duas línguas para comer a resina que sai das árvores. Com os dentes, eles raspam a resina da casca da árvore e depois limpam os dentes com uma segunda língua.

Teste

Você se lembra de tudo o que leu a respeito do mundo dos macacos? Estas perguntas vão testar sua memória. Se ficar em dúvida, leia outra vez.

1. Quando os gorilas tornam-se assustadores?
2. Qual dos lêmures tem a cauda listrada?
3. Por que os chimpanzés lambem gravetos?
4. Quem é o macaco mais amoroso?
5. Por que os babuínos gostam de se exibir?
6. Por que o lóris-lento é lento?
7. Como os macacos se alimentam?
8. Qual macaco tem bigode?
9. Por que o sifaka pula?
10. Qual é o macaco que muda a cor da cara?
11. Por que os gorilas batem no peito?
12. Qual macaco tem um narigão?
13. Como os macacos se aquecem?

Respostas

1. Os gorilas geralmente são animais encantadores, mas se tornam ferozes se tiverem que proteger suas famílias.
2. O lêmure-de-cauda-anelada.
3. Porque os gravetos são cobertos por cupins que saem dos ninhos que eles cutucam e servirão de comida.
4. Os chimpanzés.
5. Eles gostam de desfilar para as fêmeas e mostrar seu porte.
6. Para economizar energia e se esconder dos predadores.
7. Eles comem quase tudo o que encontram pelo caminho. Os macacos-caranguejeiros, por exemplo, comem caranguejos e sapos.
8. O sagui-imperador.
9. Porque pular é um jeito rápido de andar.
10. O uacari-vermelho.
11. Assim, eles demonstram que estão bravos e podem atacar.
12. O macaco-narigudo.
13. A maioria vive em locais quentes, mas os macacos-japoneses vivem em áreas frias e precisam se aquecer ficando imersos em piscinas de água quente que brota da terra.

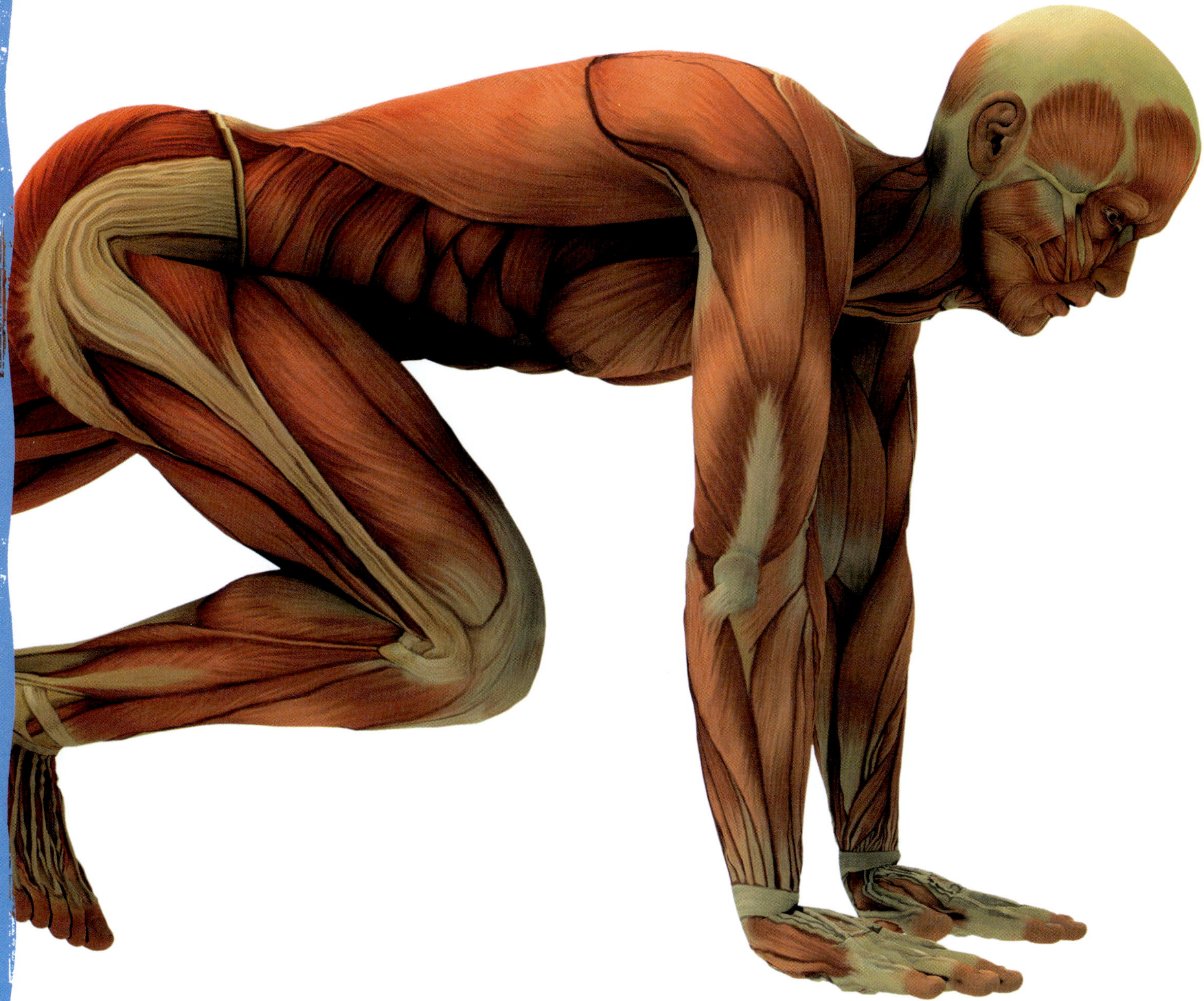

Corpo Humano

Qual é a função da pele?

A pele protege você de pancadas e arranhões, impede que seu corpo fique ressecado e evita a entrada de germes. Ao andar de bicicleta ou de *skate*, você deve usar luvas e joelheiras para proteger sua pele.

Ai! Ai! Ai!

Na pele, há milhões de minúsculos sensores ao toque. Eles informam ao cérebro quando algo toca nela. Alguns desses sensores reconhecem o frio e o calor. Outros identificam a dor. Ai!

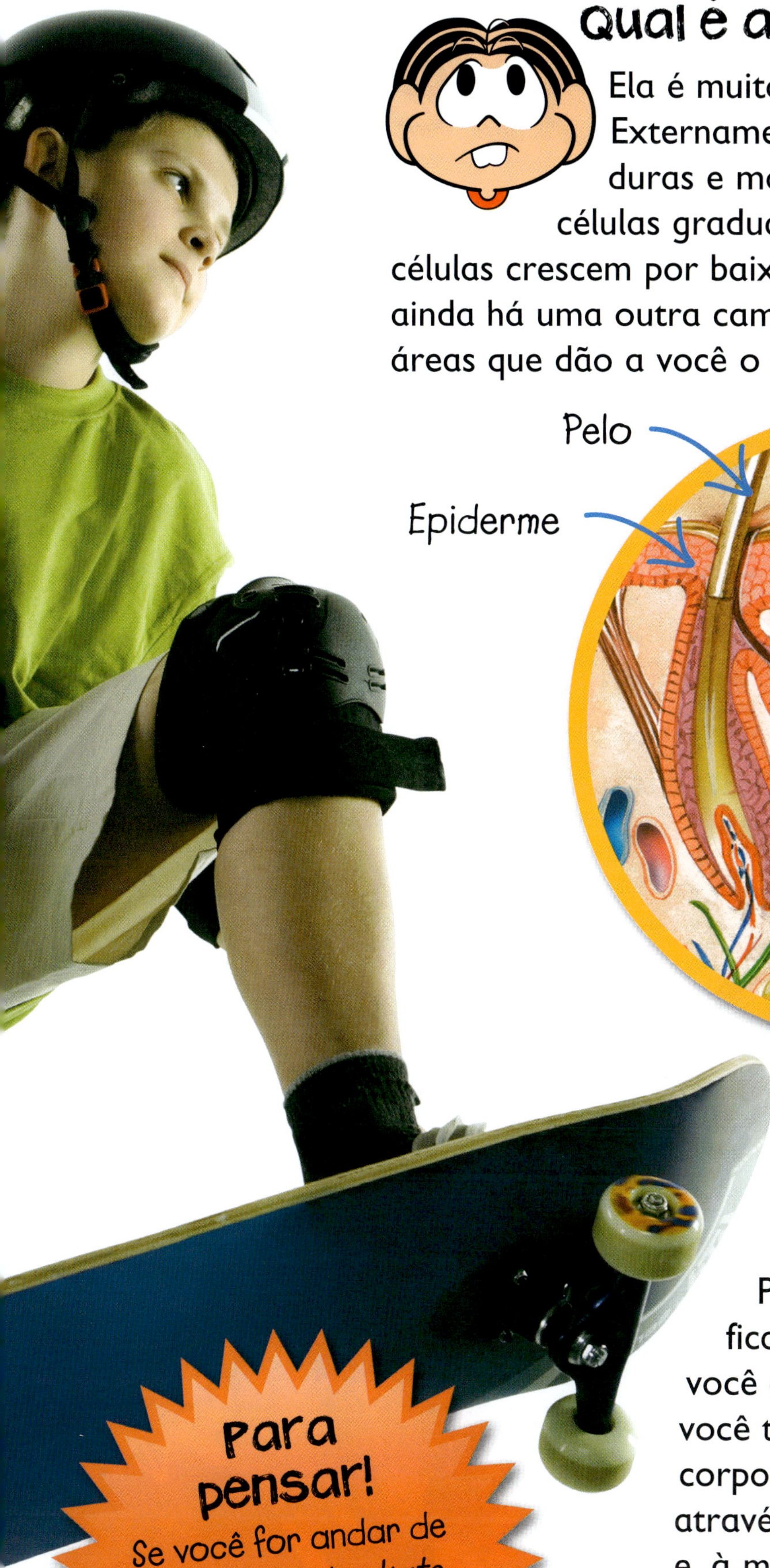

Qual é a espessura da pele?

Ela é muito fina, tem só 2 mm de espessura. Externamente é uma camada de células duras e mortas, chamada epiderme. Essas células gradualmente são removidas. Novas células crescem por baixo para repor as anteriores. Sob ela ainda há uma outra camada de pele, a derme. Ela contém áreas que dão a você o sentido do tato.

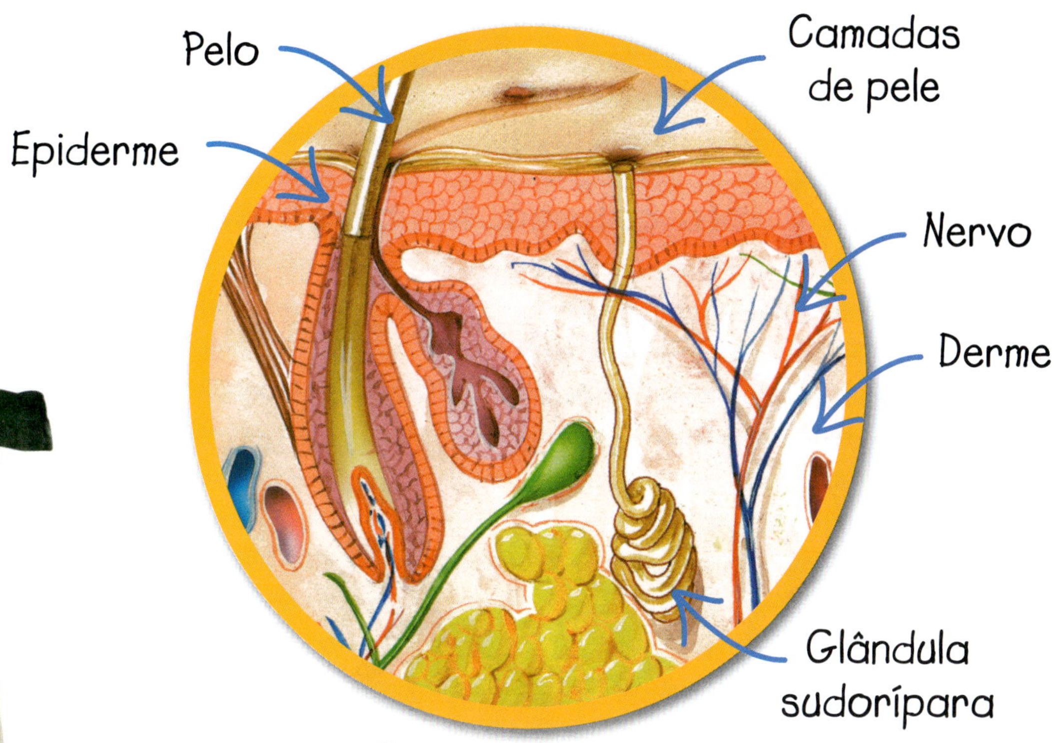

Por que eu transpiro quando sinto calor?

Para baixar a temperatura. Seu corpo fica quente quando faz calor ou se você corre muito. Para se livrar do calor, você transpira. O corpo libera o suor através da pele e, à medida que seca, o suor tira o calor, e isso esfria o corpo novamente.

Para pensar!

Se você for andar de bicicleta ou de *skate*, o que deve usar na cabeça? Por quê?

Quanto cabelo uma pessoa tem?

Na cabeça, há cerca de 100 mil fios. O cabelo cresce através de minúsculos buraquinhos existentes na pele, os folículos. Ele pode ter cores diferentes e ser ondulado, crespo ou liso.

Do que são feitas as unhas?

As unhas dos pés e das mãos são feitas de um material duro chamado queratina. É o mesmo material de que o cabelo é feito. As unhas crescem através da raiz. Em uma semana, elas crescem cerca de meio milímetro. E crescem mais à noite do que de dia!

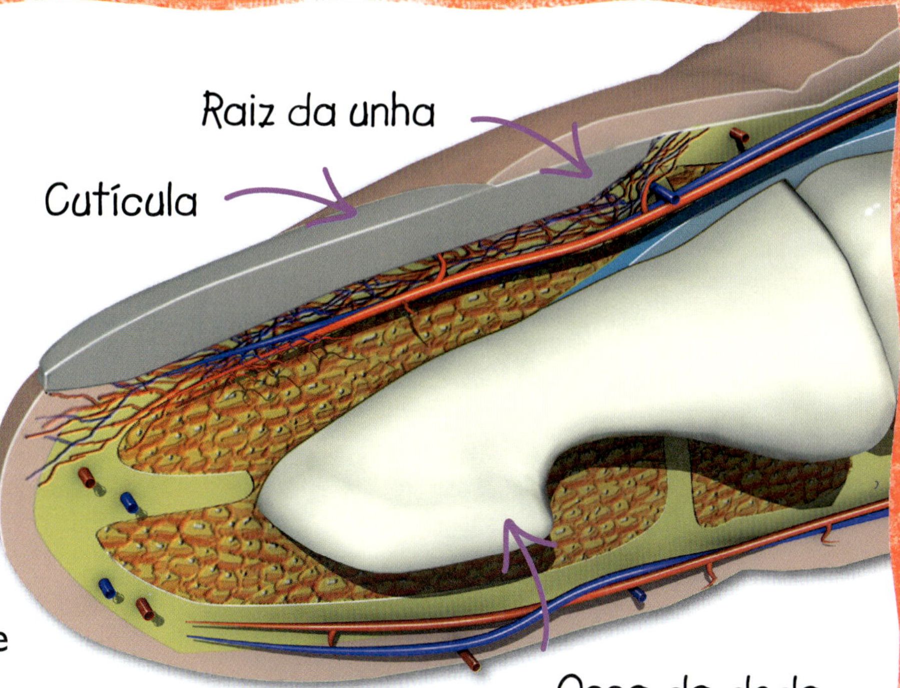

Para cortar

O cabelo cresce, em média, 1 mm a cada três dias, o que dá cerca de 1 cm ao mês. Isso representa 12 cm por ano. A velocidade pode variar de um indivíduo para o outro, mas se mantém constante para cada um. Normalmente perde-se de 100 a 150 fios por dia.

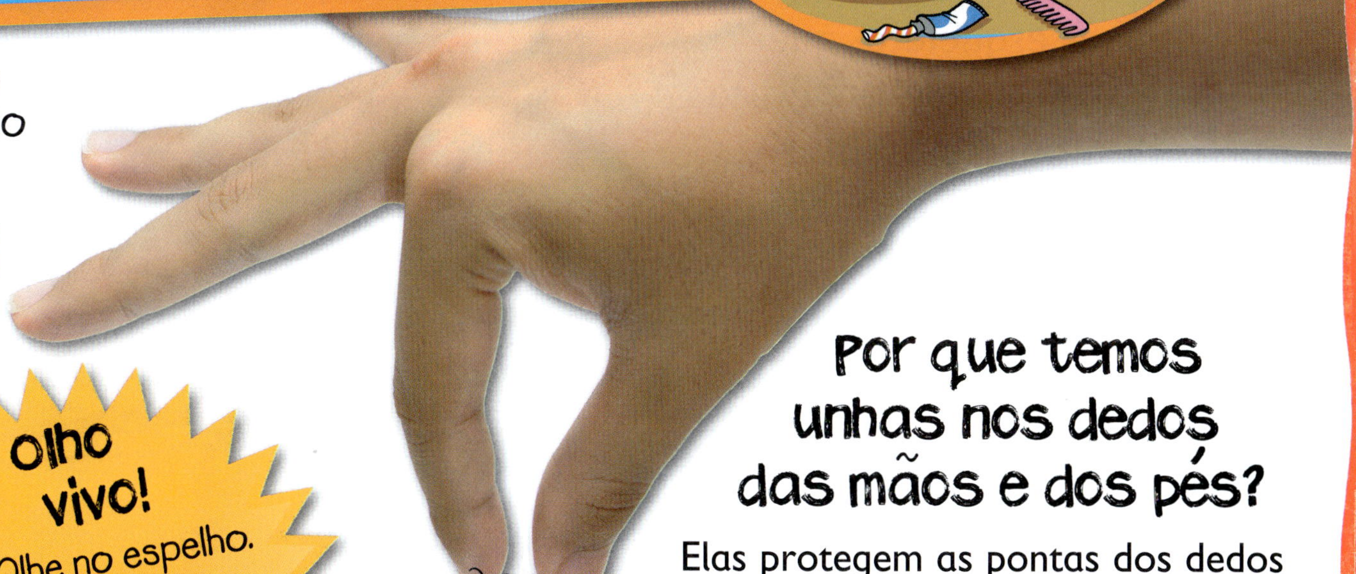

Olho vivo!

Olhe no espelho. Seu cabelo é liso, ondulado ou crespo? Use as fotografias da página ao lado para ajudar você.

Por que temos unhas nos dedos das mãos e dos pés?

Elas protegem as pontas dos dedos e nos dão maior precisão nos movimentos. Imagine segurar algo com certa força, mas sem unhas? A pele iria escorregar e você não teria a precisão necessária.

Quantos ossos uma pessoa tem?

A maioria das pessoas tem 206 ossos. Metade deles fica nas mãos e nos pés. Todos os ossos juntos formam o esqueleto, que serve de estrutura para sustentar o corpo. O esqueleto também protege os órgãos que ficam em seu interior.

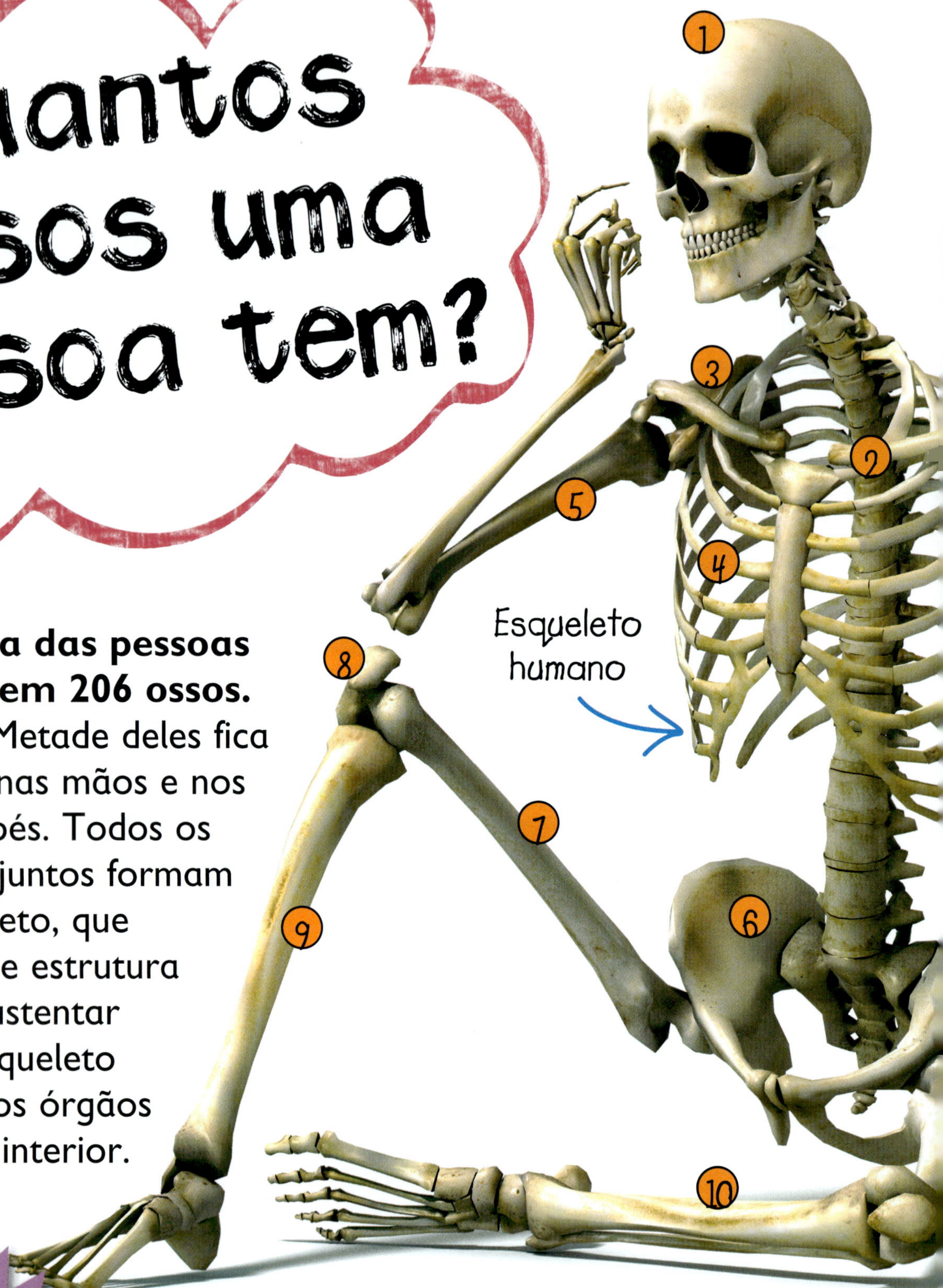

Pesquisa

Você sabe onde fica a clavícula? Ela começa no ombro e vai até o topo da caixa torácica.

Código do esqueleto

1 Crânio
2 Clavícula
3 Escápula
4 Costelas
5 Úmero
6 Pelve
7 Fêmur
8 Patela
9 Fíbula
10 Tíbia

ossos fortes

O osso é leve, porém super-resistente. Ele é mais forte que concreto ou aço, materiais usados nas construções de prédios e pontes! Mas, cuidado! Os ossos podem quebrar se ficarem muito tortos.

Do que os ossos são feitos?

Os ossos são feitos de diferentes materiais misturados. Alguns desses materiais são muito duros, outros são resistentes e flexíveis. Juntos, eles deixam os ossos muito fortes. Há um tipo de gelatina, chamada medula, no interior de alguns ossos. Ela produz partes muito pequenas para o sangue, os chamados glóbulos vermelhos e glóbulos brancos.

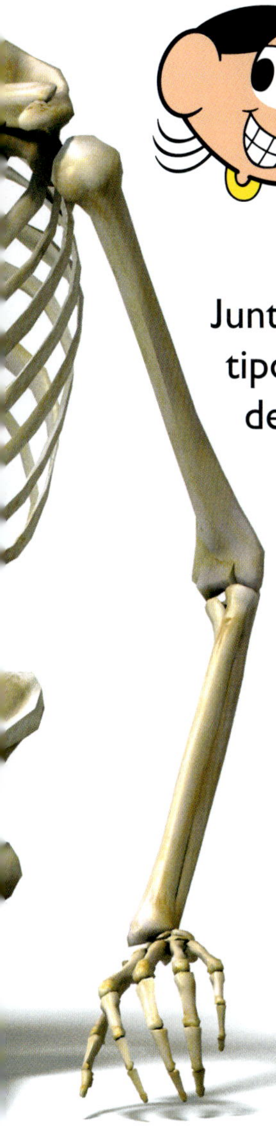

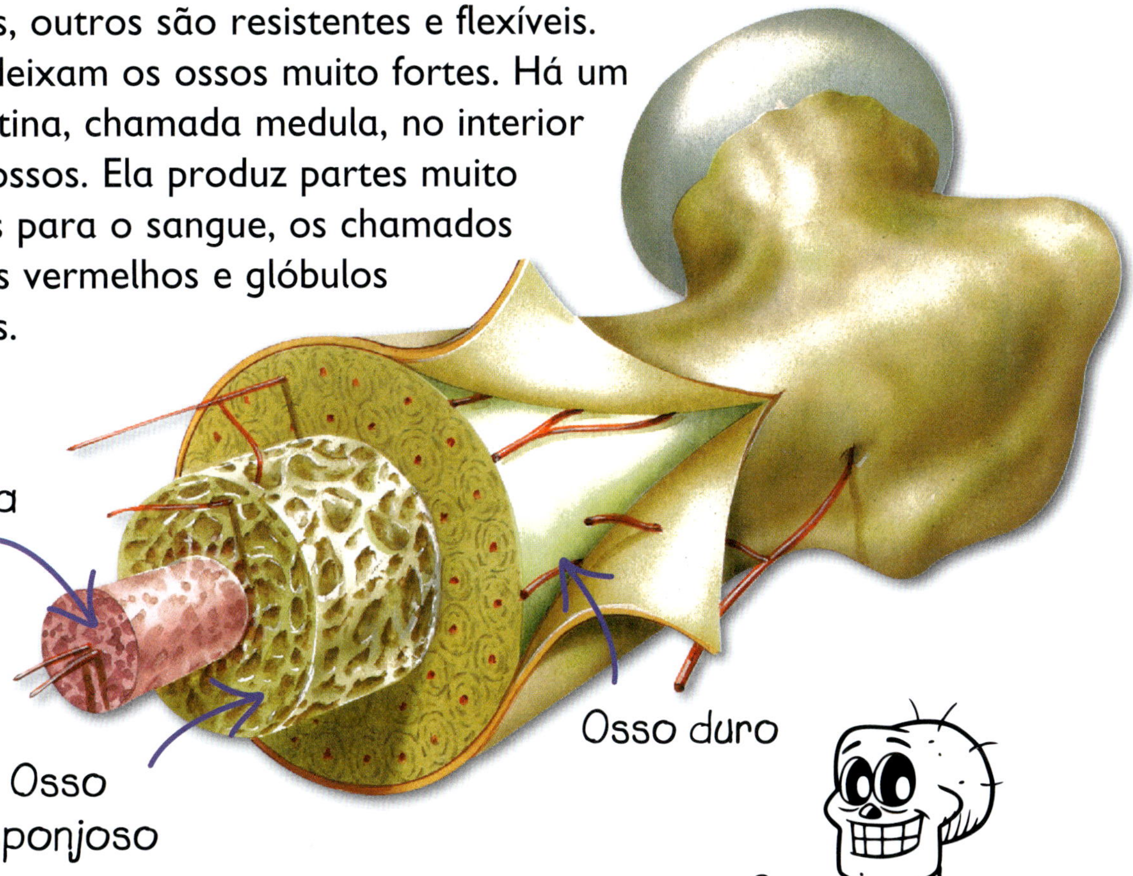

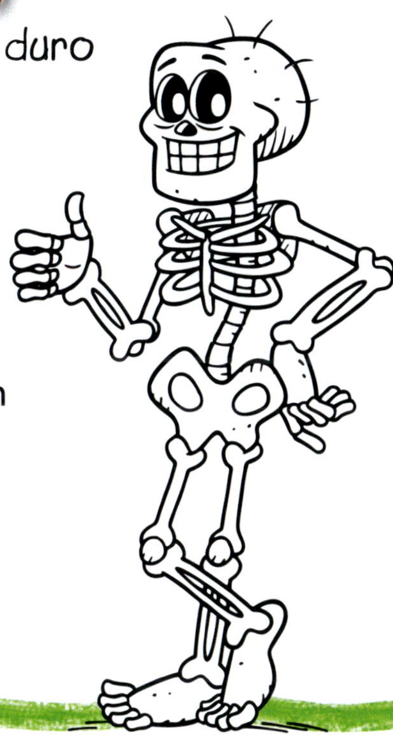

Como os ossos se juntam?

Os ossos são conectados por articulações. Elas permitem que as costas, os braços, as pernas e os dedos se movimentem. Há cerca de 100 articulações no corpo inteiro. A maior delas fica nos quadris e joelhos. E a menor, no interior da orelha.

Como os músculos funcionam?

Os músculos são formados por fibras, parecidas com pedaços de barbante, que se encurtam para fazer os músculos distender. O maior músculo do corpo é o da coxa, que usamos para andar e correr!

E o músculo mais forte é o da mandíbula.

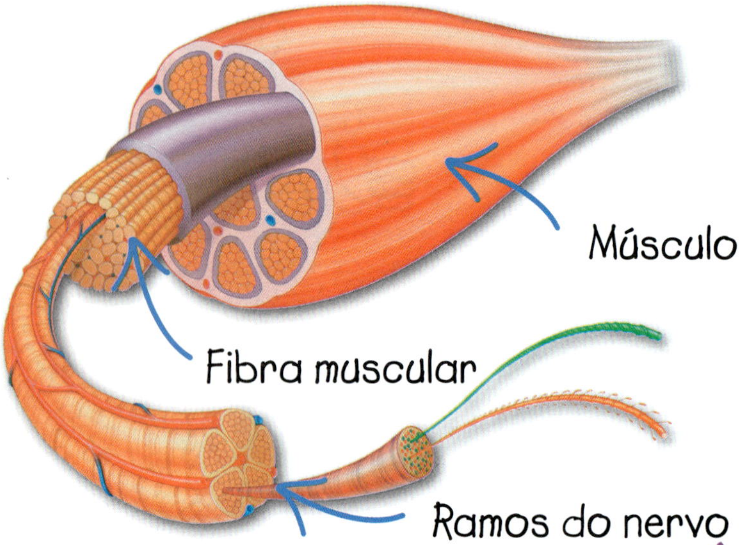

Como as articulações se dobram?

Os músculos fazem articulações como as dos ombros e joelhos dobrar. Eles ajudam você a correr, pular, pegar e levantar as coisas. Você, de fato, necessita dos músculos para mexer seu corpo inteiro.

Músculos atrevidos

A face é cheia de músculos. Você os utiliza para sorrir, para franzir o nariz ou para chorar. E usa mais músculos para fazer cara feia do que para sorrir!

O que faz os músculos se mexerem?

O cérebro. Ele envia mensagens dos nervos para os músculos. Vários músculos são necessários até mesmo para pequenos movimentos, como escrever com um lápis. O cérebro controla outros músculos sem que seja necessário pensar nisso. Por exemplo, os músculos do coração trabalham até mesmo quando você está dormindo.

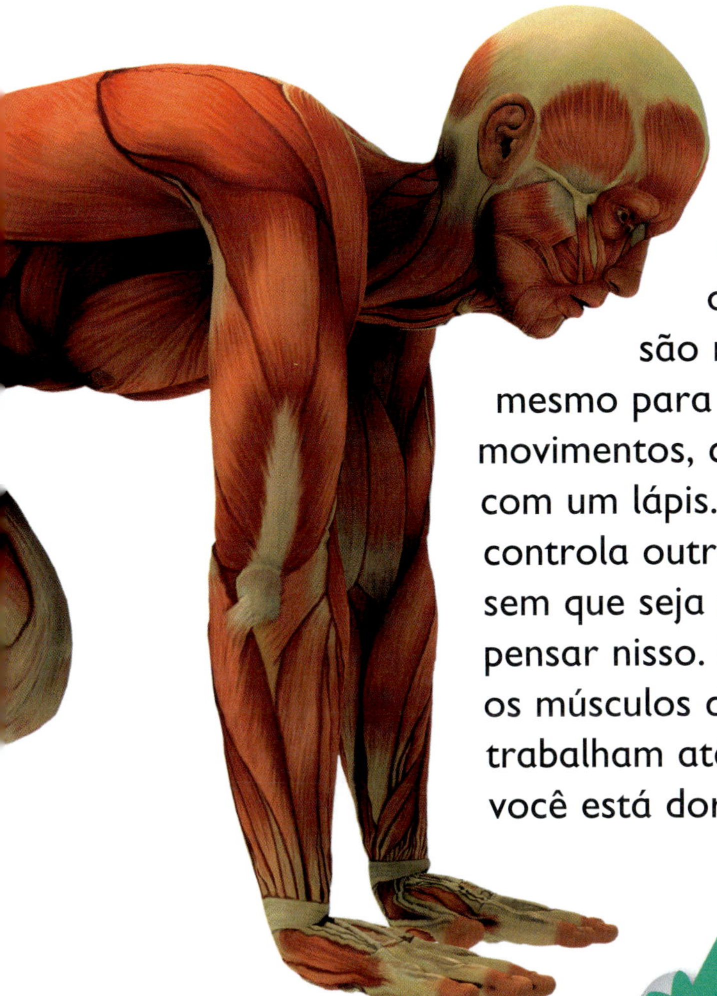

Esqueleto muscular humano

Experiência

Dobre e estique seu braço. Você consegue sentir seus músculos se encurtando e se esticando?

Por que precisamos respirar?

Há no ar um gás chamado oxigênio, necessário para fazer o corpo funcionar. Por isso respiramos, para levar o ar para o nosso corpo. O ar entra pelo nariz ou pela boca. Depois, ele desce por um tubo chamado traqueia e vai para os pulmões.

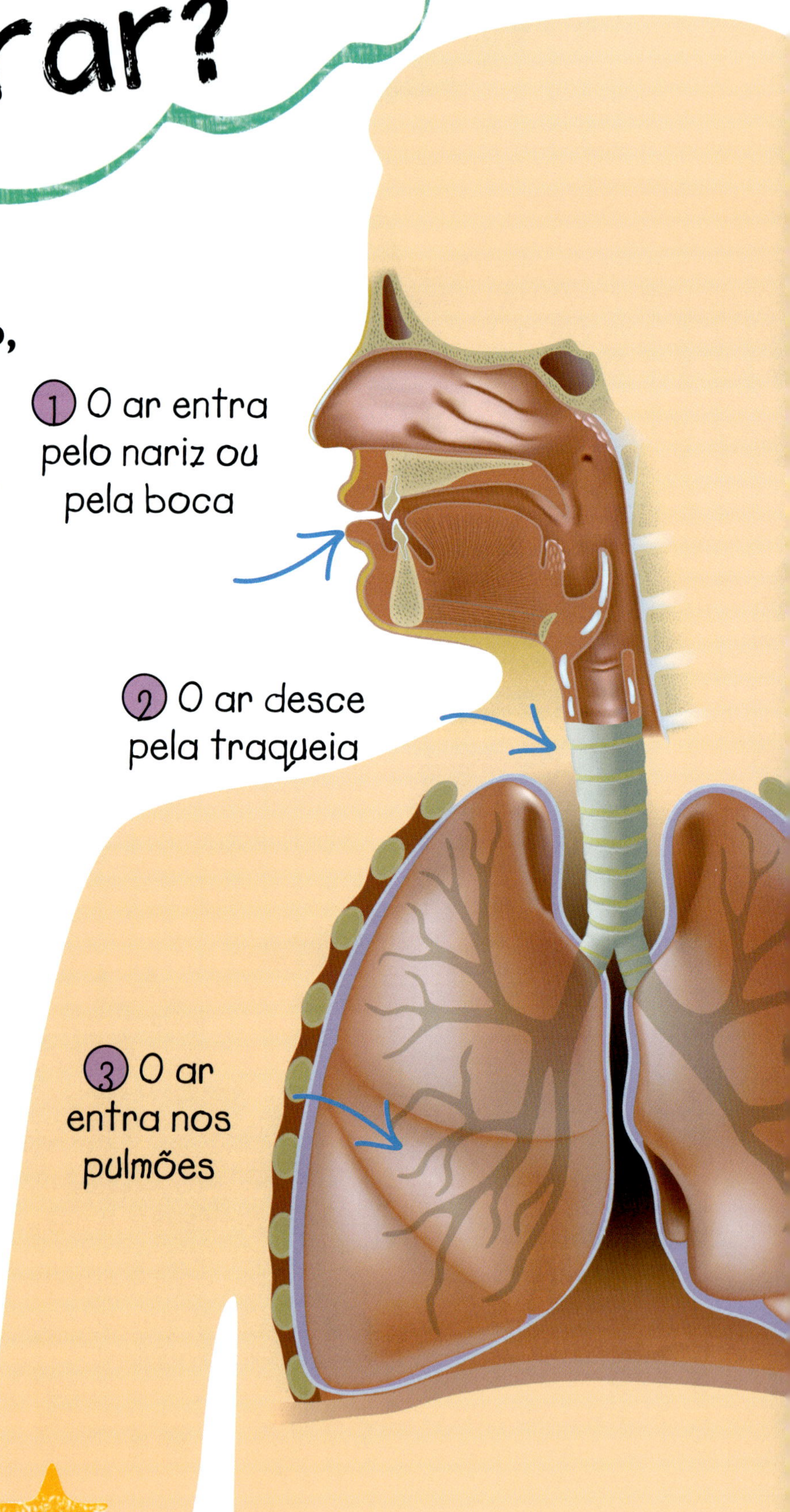

observando

Quantas vezes você inspira e expira em um minuto?

Como a voz sai do corpo?

Por uma caixa de voz chamada laringe. Ela fica no topo da traqueia e forma uma saliência na parte frontal do pescoço. O ar que passa pela laringe a faz vibrar. Isso é o som da sua voz. Ela pode fazer vários tipos de sons e ajuda você a cantar.

Enchendo os pulmões

Em repouso, a quantidade de ar que entra nos pulmões é suficiente para encher uma lata de refrigerante a cada respiração. Quando está correndo, você respira dez vezes mais ar.

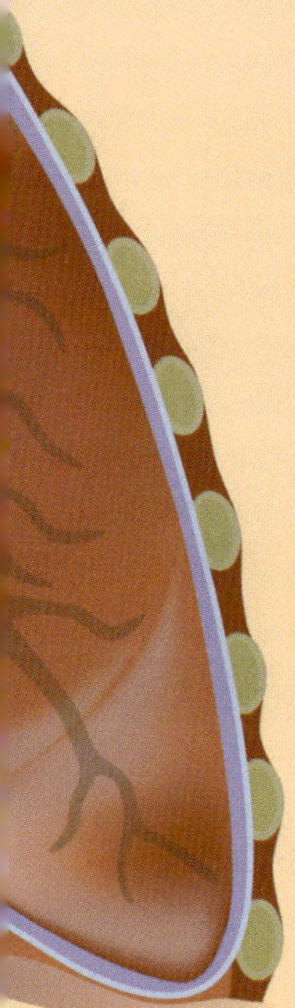

O que faz o ar chegar aos pulmões?

Há um grande músculo sob os pulmões que se move para baixo. Mais músculos fazem as costelas se moverem, tornando os pulmões maiores. O ar que entra preenche o espaço e, quando os músculos relaxam, ele é empurrado para fora outra vez.

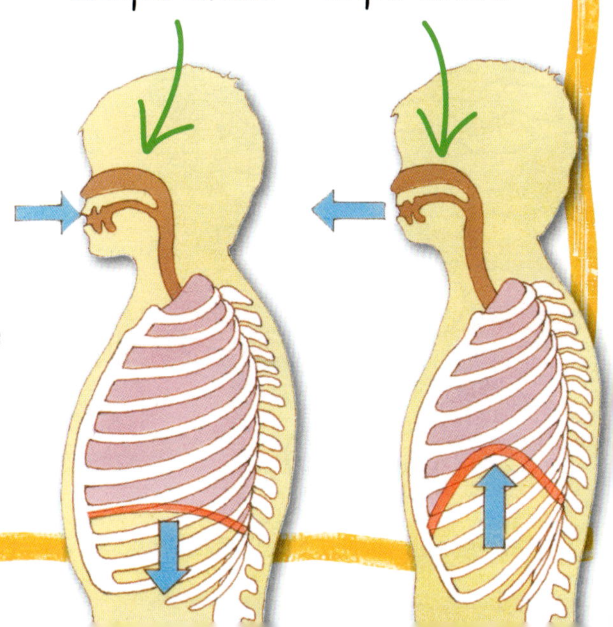

Por que não se deve comer a mesma coisa todos os dias?

Porque diferentes alimentos dão ao seu corpo os diversos nutrientes que ele necessita. Se comer a mesma coisa todos os dias, com certeza ficará com falta de alguma vitamina. Frutas e vegetais são muito bons para a saúde. Pães e massas fornecem energia. Pequenas quantidades de gordura, como as do queijo, mantêm seus nervos saudáveis. Aves e peixes mantêm fortes os seus músculos.

Comendo elefantes

Você come cerca de 1 quilo de alimento por dia. Ao longo da vida, você comerá aproximadamente 30 toneladas. Esse é o peso de seis elefantes!

Hora de desenhar! Observe atentamente as figuras desta página. Você pode desenhar uma refeição saudável que gostaria de comer?

O que acontece quando eu engulo?

A primeira coisa que você faz com a comida é mastigar; depois, você a engole já mastigada. Ao fazer isso, o alimento desce por um tubo chamado esôfago. Os músculos do esôfago empurram a comida para o estômago.

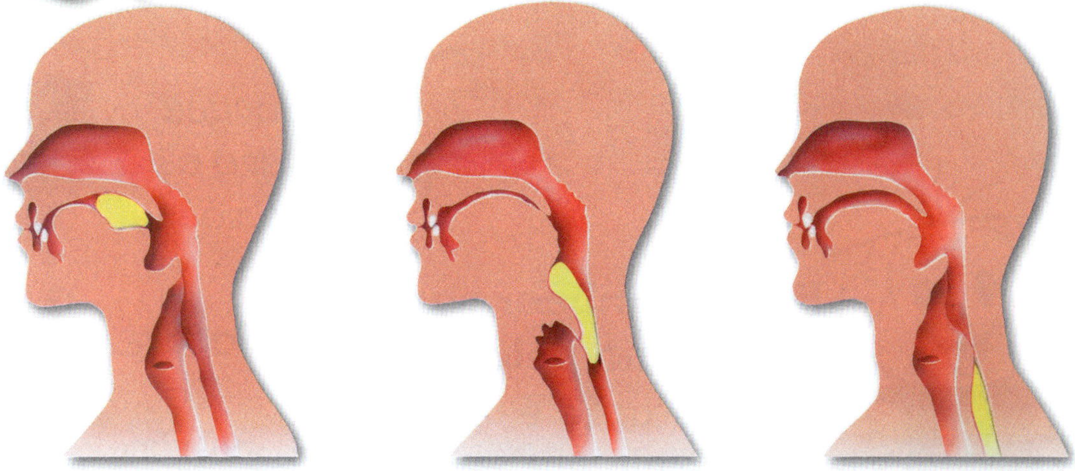

1 A língua empurra a comida para o fundo da garganta

2 Os músculos da garganta pressionam a comida para baixo

3 O esôfago empurra a comida para o estômago

As gorduras mantêm os nervos sadios

As carnes ajudam os músculos a crescerem fortes

Açúcares são necessários em pequenas quantidades

Por que o ser humano precisa comer?

A comida mantém o corpo em funcionamento. É como se fosse o combustível para ele trabalhar dia e noite, movimentando os músculos. Os alimentos também contêm as substâncias de que o corpo precisa para crescer, se proteger e lutar contra doenças.

Por que o coração bate?

Para bombear sangue e oxigênio pelo corpo. O coração é um músculo que tem mais ou menos o tamanho de um punho. Quando bate, ele joga o sangue em alguns tubos. Esses tubos levam o sangue e o oxigênio para o corpo todo. O sangue então volta dos pulmões para o coração com mais oxigênio.

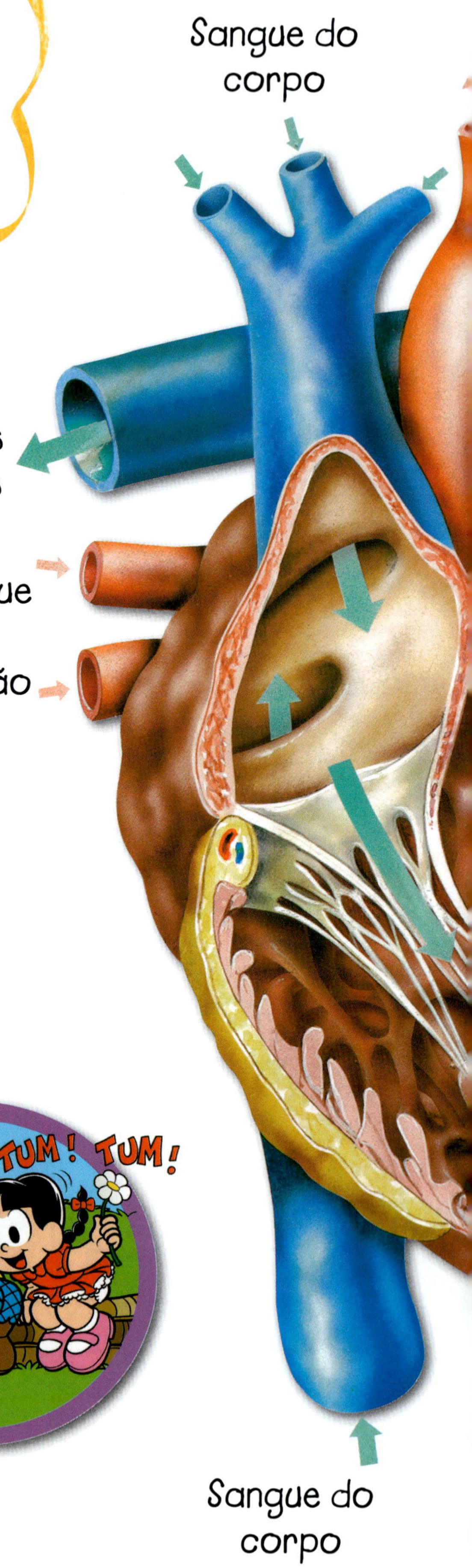

Vida pulsante

O coração bate uma vez por segundo por toda a vida. Isso representa 86 mil batidas por dia e 31 milhões de batidas por ano. No total, ele bate 2 bilhões de vezes durante a vida.

O que o sangue faz?

O corpo inteiro precisa de oxigênio para funcionar. O sangue leva o oxigênio a todas as partes do corpo em seus glóbulos vermelhos. O sangue também contém glóbulos brancos que combatem os germes. Tubos chamados artérias e veias são responsáveis pelo transporte do sangue pelo corpo.

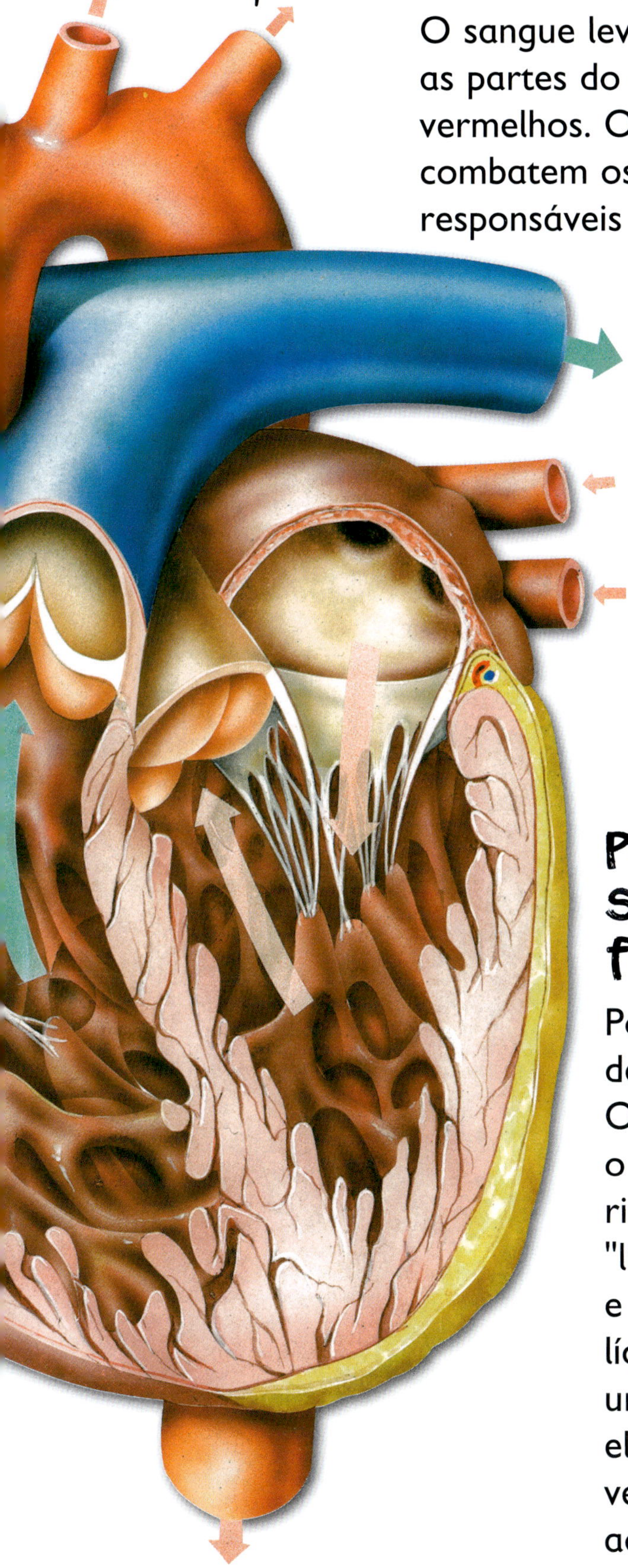

Sangue para o corpo

Sangue para os pulmões

Sangue do pulmão

Sangue para o corpo

Experiência
Toque seu pescoço embaixo do queixo. Você sente o sangue correndo?

Por que o sangue fica sujo?

Por transportar resíduos de partes do seu corpo. O trabalho de limpar o sangue é feito pelos rins. Eles retiram o "lixo" do sangue e produzem um líquido chamado urina (xixi), que é eliminado toda vez que você vai ao banheiro.

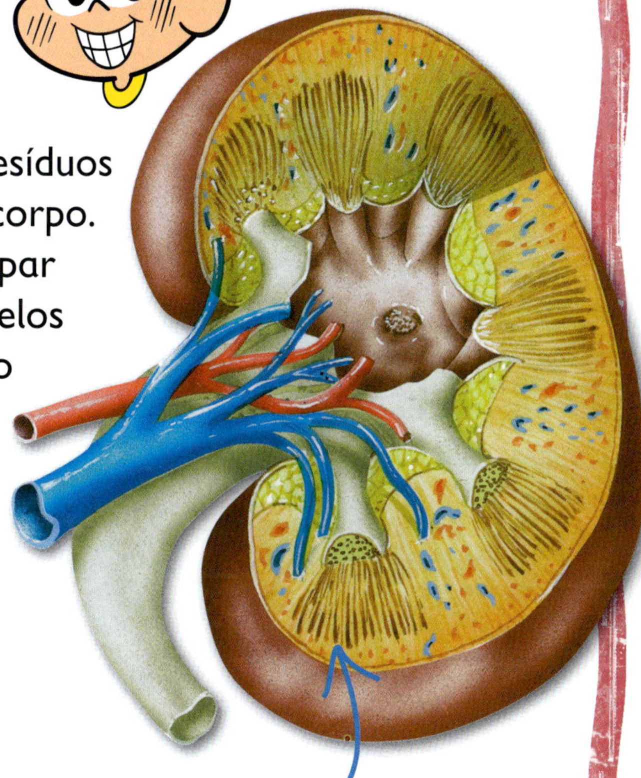

Rim

Como os olhos funcionam?

Os olhos trabalham como uma câmera minúscula. Eles captam a luz que reflete sobre as coisas que você está vendo. Então, formam-se pequenas imagens no fundo dos olhos, onde milhões de sensores recebem a luz e mandam a imagem para o seu cérebro através de um nervo.

Experiência
Olhe para o seu olho num espelho. Dá para ver a pupila escura por onde a luz entra?

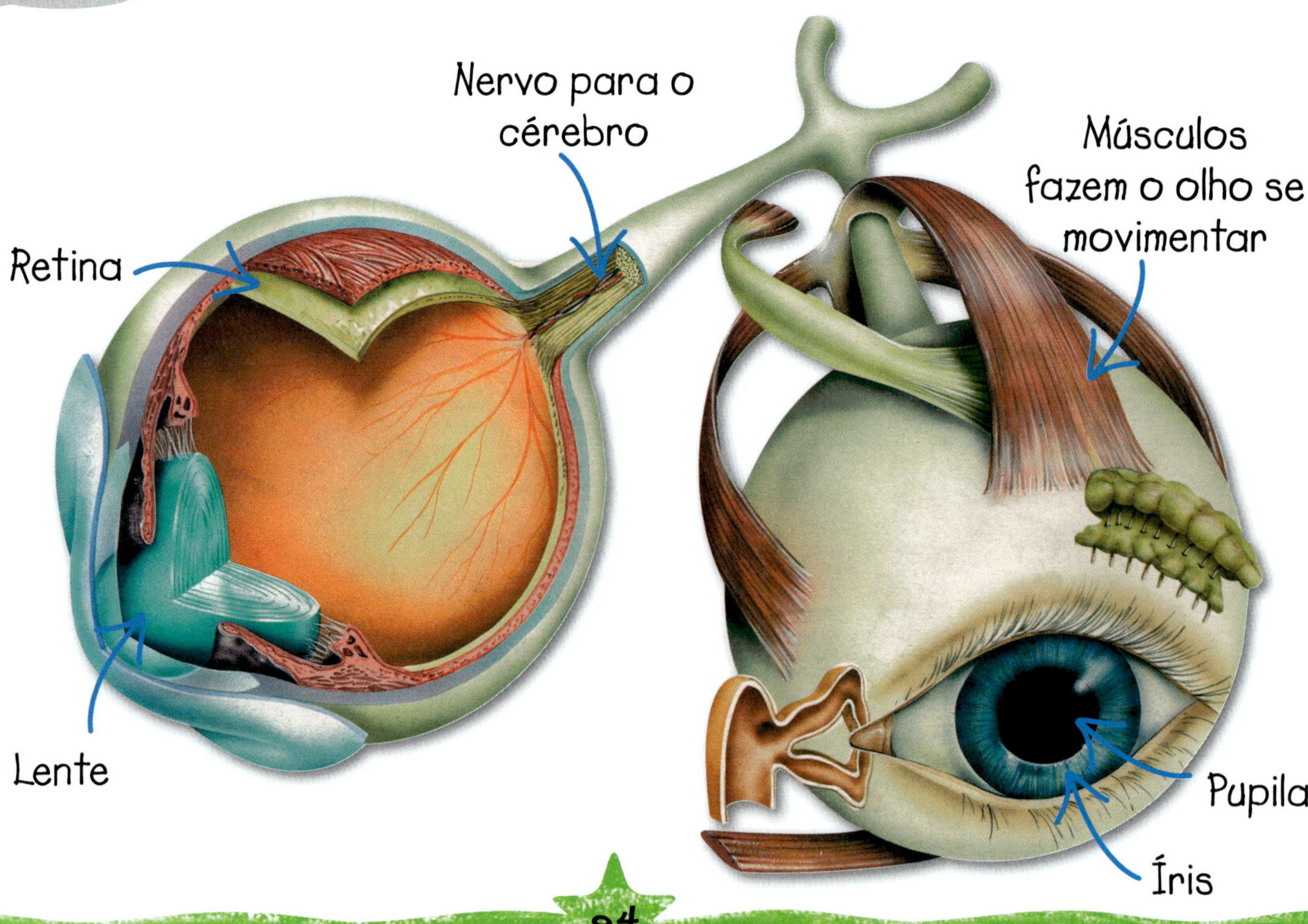

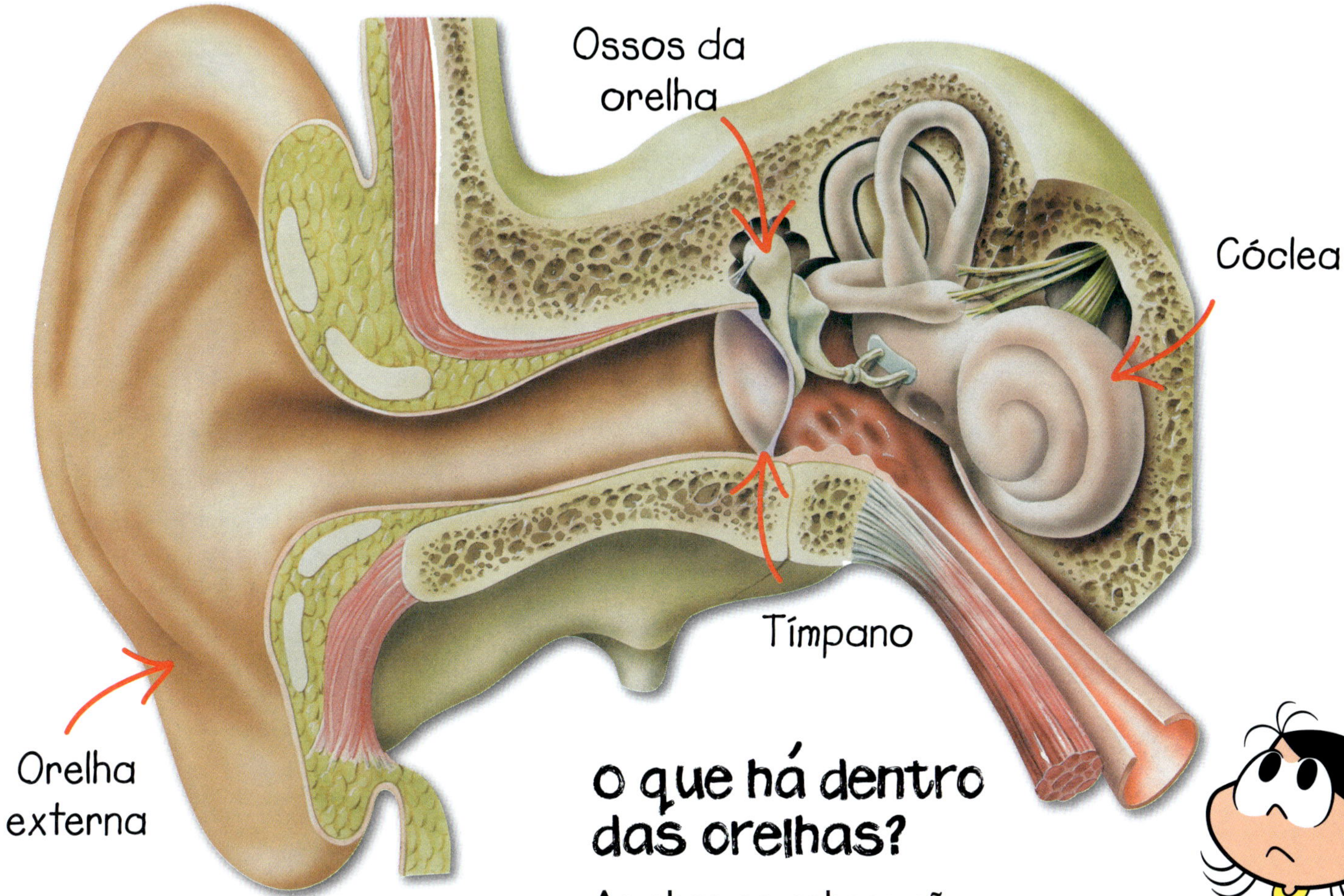

O que há dentro das orelhas?

As abas na cabeça são apenas parte das orelhas. O orifício ali existente leva a uma fina membrana chamada tímpano. O som entra pela orelha e faz o tímpano vibrar. Pequenos ossos enviam essas vibrações para a cóclea, que tem a forma de um caracol e é cheia de líquido.

Como eu escuto os sons?

Na cóclea existem milhares de pelos fininhos e pequenininhos. E ela também é cheia de líquido. O som faz esse líquido se movimentar e os pelinhos se agitam. Minúsculos sensores captam as ondas e enviam a mensagem para o cérebro, fazendo você ouvir o som.

Dando voltas

Dentro da orelha existem círculos cheios de líquido. Eles podem dizer se você está mexendo a cabeça. Isso o ajuda a se equilibrar. Se você rodar, o fluido continua se movendo. Isso faz com que você sinta tontura!

Por que os cheiros são invisíveis?

Os aromas são partículas que flutuam no ar, ou seja, são praticamente invisíveis. Dentro do topo do nariz, existem sensores viscosos. Quando você cheira alguma coisa, os sensores captam as partículas olfativas e enviam mensagens ao cérebro, onde os aromas são interpretados.

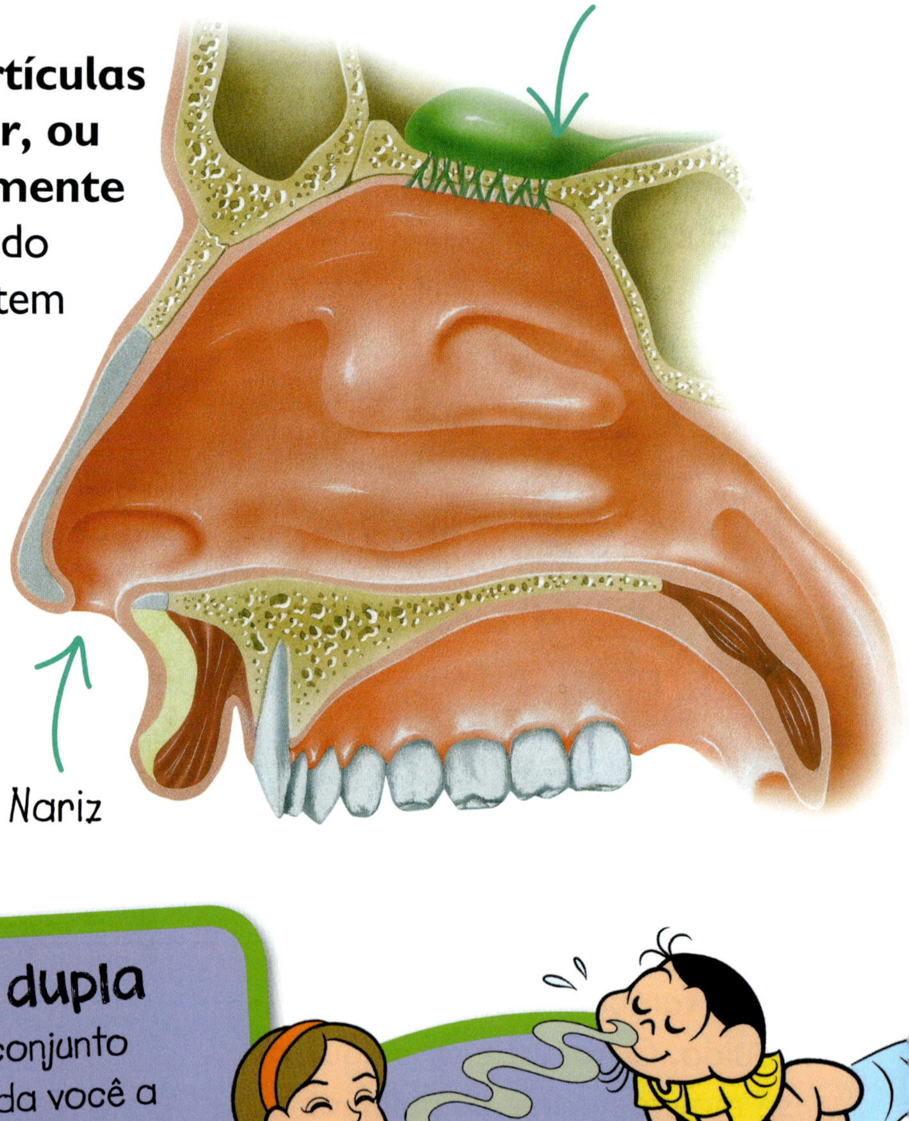

Bloqueio em dose dupla

Olfato e paladar trabalham em conjunto quando você come. O olfato ajuda você a sentir os sabores dos alimentos. Quando se tem uma gripe, os sensores de cheiro ficam bloqueados e, por isso, também não se sente o sabor das coisas.

Quantos cheiros posso sentir?

O nariz pode sentir cerca de 3 mil cheiros diferentes. Mas o olfato não identifica apenas o cheiro de coisas boas, como flores e perfumes! Ele também impede você de comer alguma coisa estragada, por exemplo.

Para pensar!
Você consegue pensar em três coisas diferentes que têm sabor azedo, doce e salgado?

Como sinto o gosto das coisas?

Com a língua. Ela é coberta de minúsculas papilas gustativas. Essas partículas sentem os sabores e enviam um sinal para o cérebro, que informa a você se uma coisa é doce, azeda, salgada ou saborosa.

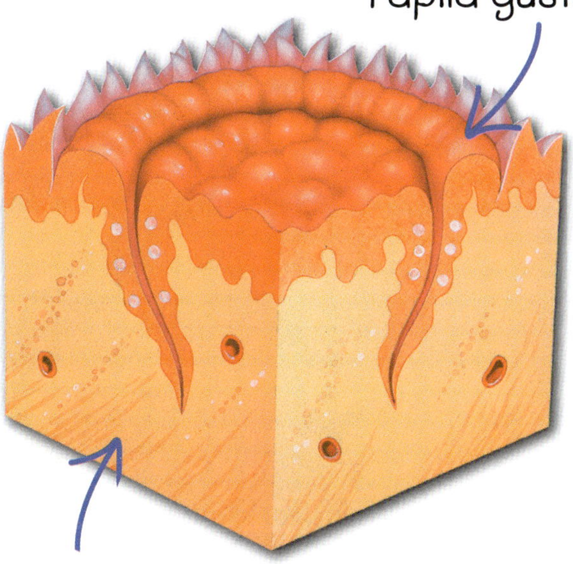

Qual é o tamanho do cérebro?

O cérebro tem praticamente o mesmo tamanho de dois punhos juntos. É com ele que você pensa, lembra, se sente feliz ou triste – e sonha. O cérebro também recebe informações dos seus sentidos e controla seu corpo.

Direita e esquerda

A região principal do cérebro é dividida em duas partes. A direita ajuda você a desenhar e a tocar instrumentos musicais. A metade esquerda é boa em pensar.

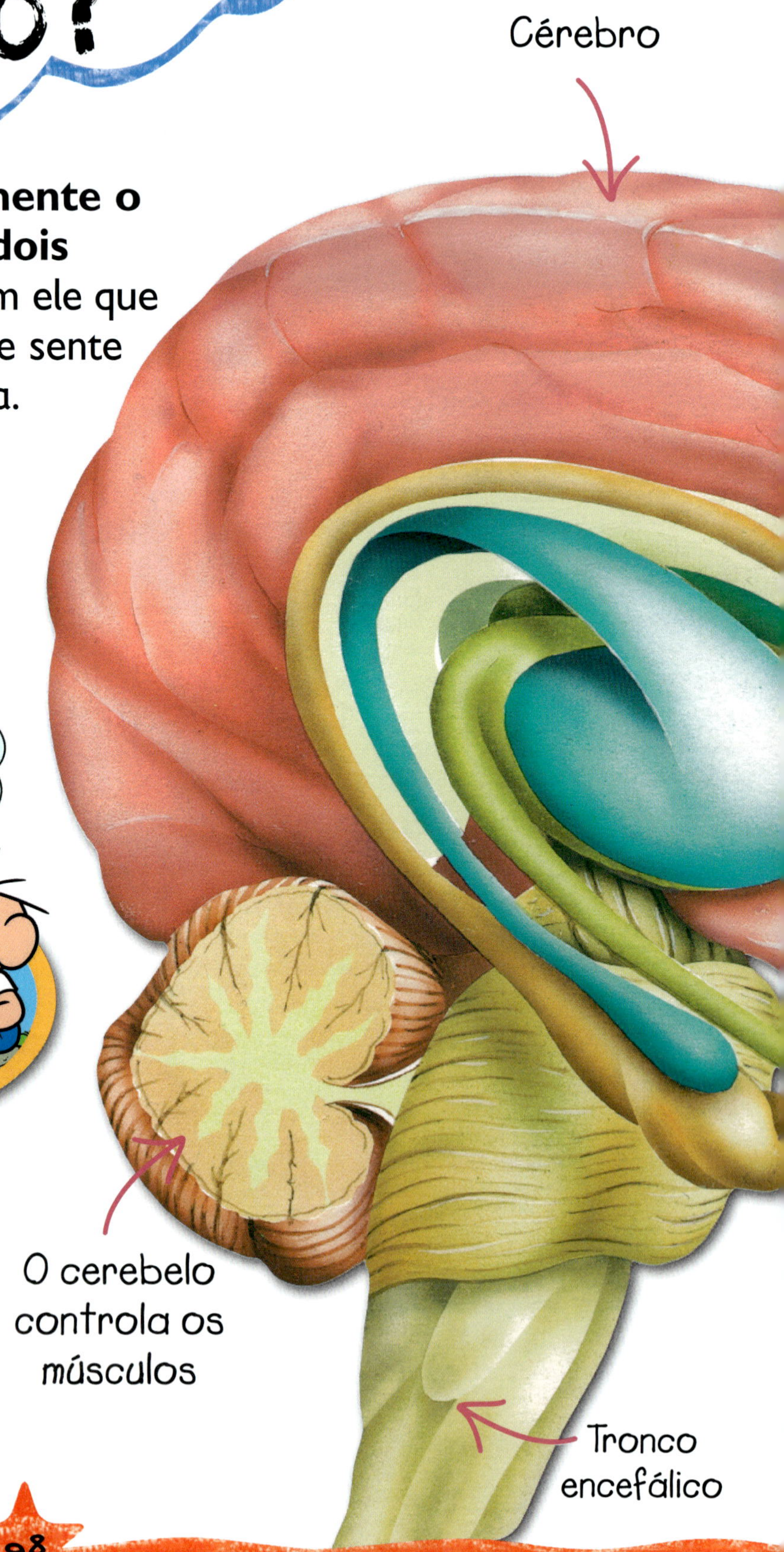

como o cérebro funciona?

O cérebro trabalha usando eletricidade. Ele tem cerca de 10 bilhões de minúsculas células nervosas. Pequenas explosões de eletricidade acontecem entre as células o tempo todo. Os médicos conseguem ver o funcionamento do cérebro observando a eletricidade com um aparelho especial chamado EEG (eletrencefalógrafo). Ele mostra as ondas de eletricidade num monitor.

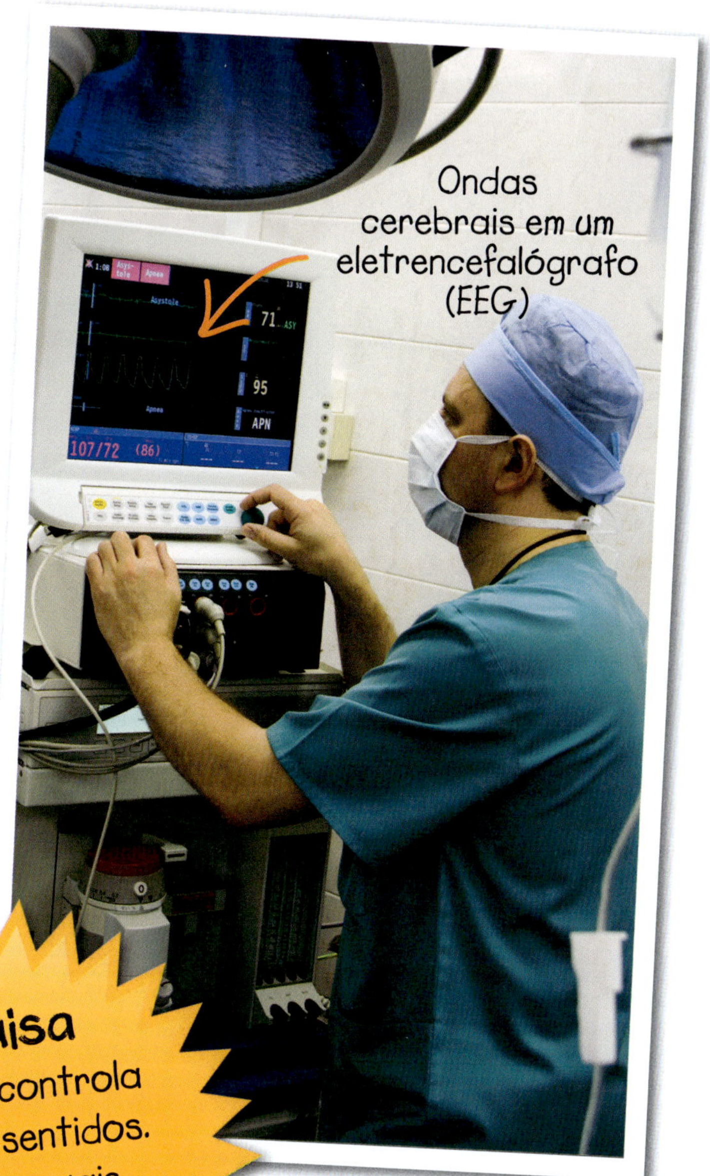

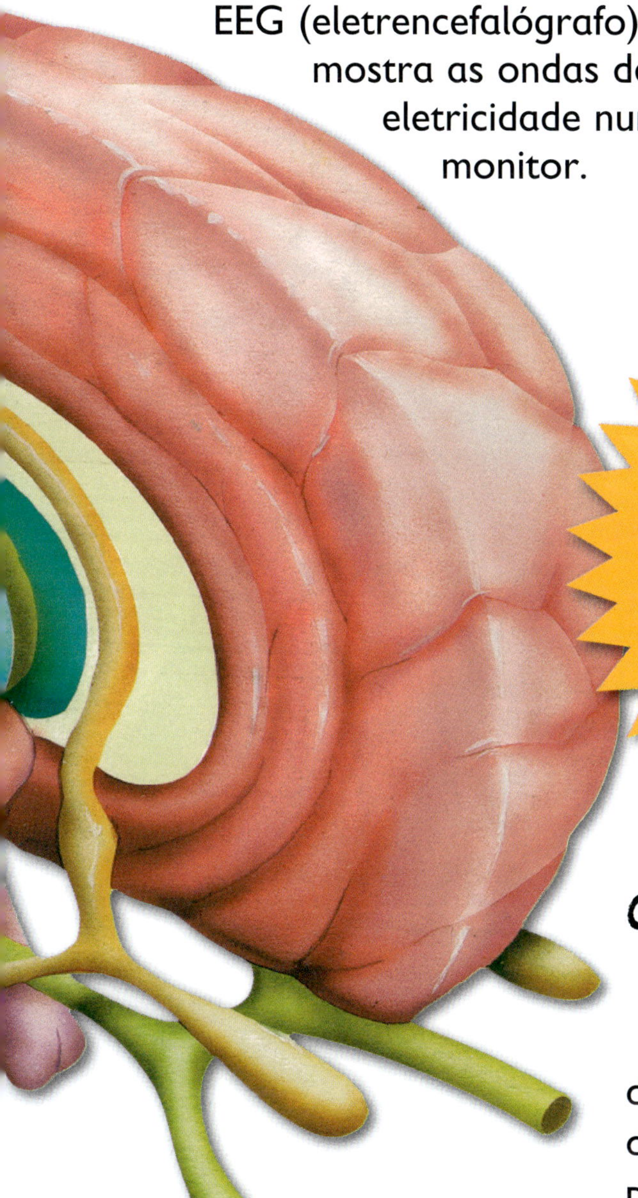

pesquisa

O cérebro controla seus cinco sentidos. Você sabe quais são eles? Descubra.

como meu cérebro me ajuda a brincar?

As diferentes partes do seu cérebro executam diferentes tarefas. Uma sente o tato. Outra trata do raciocínio. A fala é controlada por uma outra parte diferente. O cerebelo controla todos os seus músculos. Ou seja, quando você brinca e corre, o cerebelo envia mensagens para os seus músculos, fazendo-os se mover.

Como se manter saudável?

Para não ficar doente, você deve comer a comida certa de que seu corpo necessita, como frutas e vegetais. Procure comer alimentos não muito salgados ou muito doces. Exercícios, como andar de bicicleta, mantêm saudáveis seus ossos, músculos e o coração.

Ficando velho

Seu corpo muda à medida que você vai envelhecendo. Você diminui de tamanho, a pele enruga e seus cabelos podem ficar grisalhos.

O que pode me deixar doente?

Muitas coisas podem deixar você doente. A dor de barriga, por exemplo, é causada por germes que entram no seu corpo. Você pode impedir que isso aconteça lavando bem as mãos antes das refeições e depois de ir ao banheiro.

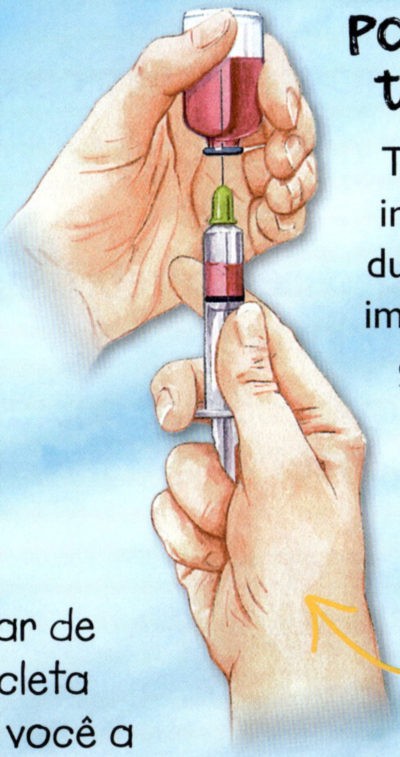

Por que preciso tomar injeção?

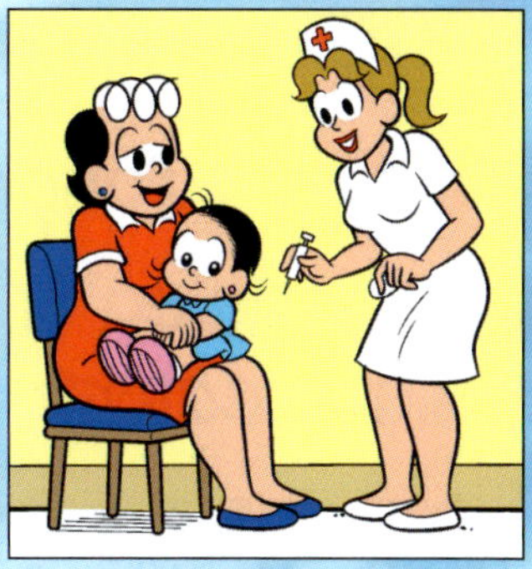

Todas as crianças tomam injeções chamadas vacinas durante muitos anos. Isso impede você de ter doenças graves no futuro. Os médicos também ajudam você a melhorar quando está doente.

Atenção!
O que você deve fazer antes das refeições e depois de ir ao banheiro? Leia esta página outra vez e descubra.

Teste

Você se lembra de tudo o que leu a respeito do corpo humano? Estas perguntas vão testar sua memória. Se ficar em dúvida, leia outra vez.

1. Qual é a função da pele?
2. Por que eu transpiro quando sinto calor?
3. Por que temos unhas nos dedos das mãos e dos pés?
4. Como os ossos se juntam?
5. Como os músculos funcionam?
6. O que faz o ar chegar aos meus pulmões?
7. Por que não se deve comer a mesma coisa todos os dias?
8. Por que o coração bate?
9. O que o sangue faz?
10. Como eu escuto os sons?
11. Por que os cheiros são invisíveis?
12. Como meu cérebro me ajuda a brincar?
13. O que pode me deixar doente?

Respostas

1. Proteger você de pancadas e arranhões, impede que seu corpo fique ressecado e evita a entrada de germes.
2. Para baixar a temperatura do corpo.
3. Para proteger as pontas dos dedos.
4. Eles são conectados por articulações.
5. Os músculos são formados por fibras que se encurtam pra que eles possam distender.
6. Os músculos.
7. Porque diferentes alimentos dão ao corpo os diversos nutrientes que ele necessita.
8. Para bombear sangue e oxigênio pelo corpo.
9. Ele leva o oxigênio a todas as partes do corpo.
10. Com os sensores que existem no interior da orelha.
11. Porque são partículas que flutuam no ar.
12. Enviando mensagens para que seus músculos se movam.
13. Germes.

Planeta Terra

Como a Terra foi formada?

A Terra veio de uma nuvem de poeira. A poeira girou ao redor do Sol em alta velocidade e começou a se juntar para formar blocos de pedras. Essas pedras foram se batendo e se quebrando, dando origem aos planetas. Um deles foi a Terra.

Por que a Lua parece irregular?

Grandes pedras vindas do espaço, chamadas meteoritos, colidiram com a Lua, deixando cavidades em sua superfície. Essas cavidades receberam o nome de crateras e são elas que dão à Lua essa aparência irregular.

observação

À noite, use binóculo para olhar para a Lua. Você consegue ver as crateras em sua superfície?

A Terra foi formada por blocos de pedras

Do que a Terra é feita?

A Terra é um bloco de pedra enorme e redondo. A maior parte de sua superfície é coberta por água – isso forma os mares e oceanos. As pedras que não são cobertas por água formam o solo.

Encarando a Lua

A Lua orbita ao redor da Terra. Como a Lua não gira, nós vemos somente um lado de sua superfície.

Por que a Terra gira?

A Terra está sempre girando porque ela foi formada por uma nuvem giratória de poeira e gás. À medida que gira, a Terra se inclina um pouco para um lado. Ela leva 24 horas para dar uma volta completa em si mesma. É esse movimento que faz com que existam o dia e a noite.

Terra girando

Pesquisa

Há 24 horas em um dia. Quantos minutos há em uma hora?

Calor e frio

No Caribe, o mar pode ser quente como numa banheira. No Ártico, é tão frio que frequentemente o mar fica congelado.

Por que temos dia e noite?

Todo dia, a Terra gira em torno de si mesma na direção do Sol, e depois se afasta. Quando uma parte da Terra está de frente para o Sol, lá é dia. Quando essa parte se afasta, temos a noite.

Por que não há pessoas vivendo na Lua?

Não existe ar na Lua e, por isso, as pessoas não podem viver lá. Astronautas já visitaram a Lua em naves espaciais. Eles usaram equipamentos especiais para respirar.

O que há no interior da Terra?

Dentro da Terra há diferentes camadas de rocha, metais líquidos e sólidos. Há uma crosta fina e rochosa, uma área sólida que tem o nome de manto e um centro chamado núcleo. A parte externa do núcleo é feita de um metal líquido e quente. O núcleo interno é feito de metais sólidos.

Ímã natural

Próximo ao centro da Terra, há ferro líquido e quente. À medida que a Terra gira, o ferro se comporta como um ímã. É por isso que a agulha de uma bússola aponta para o Norte e para o Sul.

Experiência

Use uma bússola para encontrar o Norte. A agulha da bússola se movimenta quando você faz isso?

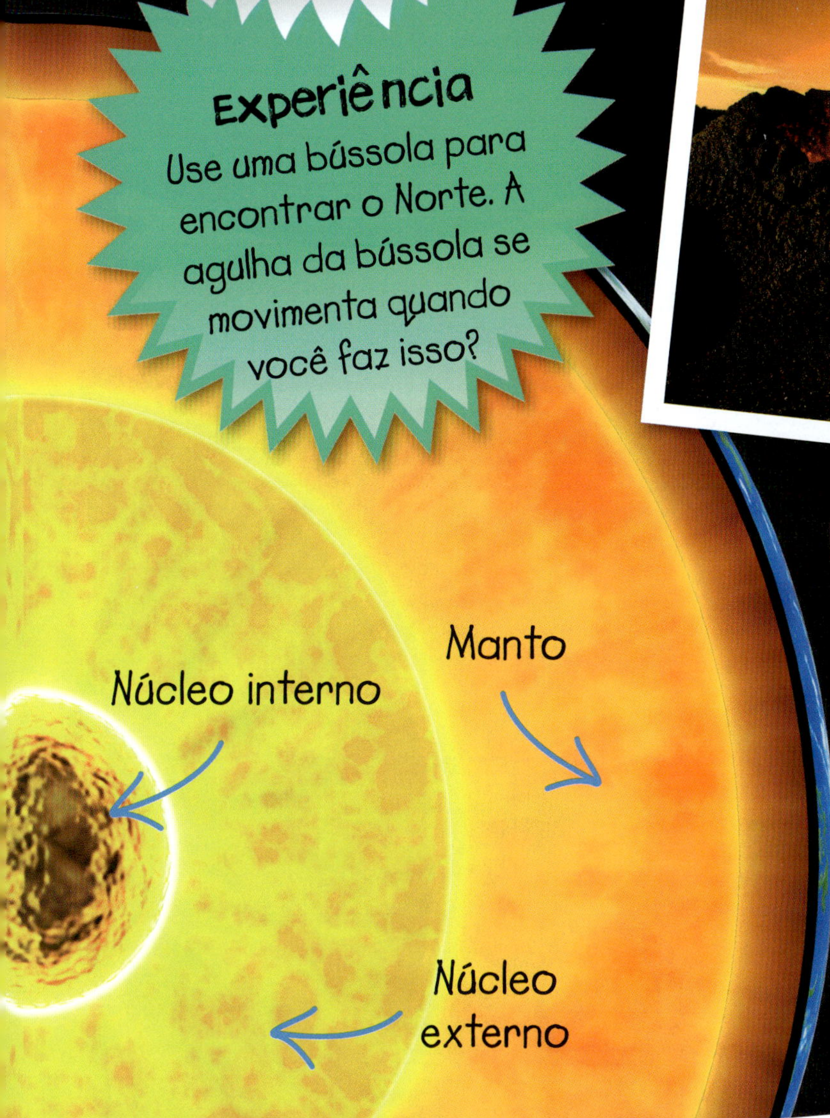

Por que não podemos viajar ao interior da Terra?

Porque o núcleo da Terra é incrivelmente quente e tão profundo que ninguém poderia chegar até lá. Às vezes, rochas líquidas ferventes irrompem na superfície da Terra. São os chamados vulcões em erupção.

Como o chão se move?

A crosta terrestre se divide em áreas imensas chamadas placas. Cada uma dessas placas se movimenta muito lentamente. Quando se afastam uma da outra, as placas podem provocar terremotos. Se elas se movem na direção uma da outra, podem formar vulcões e montanhas.

O que é um fóssil?

O fóssil foi, um dia, uma coisa viva que agora se transformou em pedra. Estudando os fósseis, os cientistas podem aprender mais sobre o passado e de que forma animais, como os dinossauros, por exemplo, costumavam viver.

Cientista escavando e estudando fósseis

O trilobita era uma antiga criatura marinha

Como um fóssil se forma?

Um fóssil leva milhões de anos para se formar. Quando morre, um animal pode ficar enterrado na lama e na areia. As partes moles de seu corpo se decompõem, restando apenas ossos, dentes ou conchas. Lentamente eles se transformam em pedras e um fóssil se forma.

Explore

Procure pedras em um jardim. É possível que sejam tão antigas que tenham sido pisadas por dinossauros.

1 O trilobita morre

2 O trilobita é coberto por lama

3 A lama se transforma em pedra

4 O fóssil é formado dentro da pedra

Casas cavernas

Na Turquia, algumas pessoas vivem em cavernas rochosas. Essas imensas pedras em forma de cone permanecem fresquinhas quando faz muito calor.

Por que as pedras desmoronam?

Quando aquecidas pelo Sol, as pedras ficam um pouco maiores. Quando esfriam, elas encolhem e voltam ao seu tamanho normal. Se esse processo acontece com frequência, elas começam a desmoronar.

O que é um vulcão?

Vulcão é uma montanha que, às vezes, expele pelo topo rocha líquida muito quente! Lá no fundo do vulcão existe uma área chamada câmara de magma. Ela é cheia de rocha líquida. Se a pressão aumenta no interior da câmara, o vulcão pode explodir e a rocha líquida vai voar pelos ares.

Hora de desenhar!

Desenhe um vulcão em erupção. Lembre-se de pintar a lava de vermelho.

O que é uma cordilheira?

Cordilheira é o nome dado a um grupo de montanhas. As mais altas são os Alpes, na Europa; os Andes, na América do Sul; as Montanhas Rochosas, na América do Norte; e a maior de todas: os Himalaias, na Ásia.

Como são formadas as montanhas?

Uma das formas para as montanhas serem formadas é quando as placas da Terra colidem. A crosta na beirada das placas amassa e se dobra. Ao longo de milhões de anos, isso empurra as montanhas para cima. Os Himalaias, na Ásia, foram formados dessa maneira.

Camada sobre camada

Quando um vulcão entra em erupção, a lava quente esfria e forma uma camada rochosa. A cada nova erupção, outra camada é adicionada e o vulcão vai ficando maior.

Por que existem terremotos?

Terremotos acontecem quando as placas na crosta terrestre se separam repentinamente ou se tocam! Eles têm início numa área muito profunda no subsolo, chamada de foco. A terra acima do foco é sacudida violentamente. A pior parte do terremoto acontece acima do foco, numa área que tem o nome de epicentro.

Relembrando

Você lembra o que é que se quebra no nível 5 da Escala Richter?

O que é a Escala Richter?

A Escala Richter mede a força de um terremoto. Ela começa no nível 1 e vai até o nível 8. Quanto mais alto o número, mais poderoso e destrutivo é o terremoto.

Sentidos apurados

Algumas pessoas acreditam que os animais podem sentir quando um terremoto está para ocorrer!

As janelas se quebram no nível 5

Pontes e edifícios desabam no nível 7

Destruição generalizada no nível 8

Qual outro dano um terremoto pode provocar?

Um terremoto poderoso pode provocar incêndios. Em 1906, um imenso terremoto em São Francisco, nos Estados Unidos, desencadeou vários incêndios. Eles queimaram a maior parte da cidade e as pessoas que sobreviveram não tinham onde morar.

O que é uma geleira?

Geleiras são imensos rios de gelo encontrados nas proximidades do topo das montanhas. A neve cai sobre a montanha e fica acumulada formando gelo. É ele que forma a geleira, que lentamente se move montanha abaixo até derreter.

Flocos incríveis

Os flocos de neve são feitos de milhões de minúsculos cristais de gelo. Não existem dois flocos de neve iguais porque os cristais de gelo produzem milhões de formas diferentes.

Como podemos nos divertir no gelo?

De muitas formas! Uma delas é a patinação no gelo. Muitas pessoas deslizam no gelo usando patins, que são calçados especiais dotados de lâminas. Os praticantes de patinação artística são atletas experientes que competem para ganhar prêmios.

Olho vivo!

Quando você vir neve, coloque luvas e deixe os flocos caírem na sua mão. Será que você conseguirá ver os cristais?

O que é um iceberg?

Icebergs são grandes pedaços de gelo que se soltaram das geleiras e ficaram à deriva no mar. Só uma pequena parte do iceberg pode ser vista sobre a água. A parte principal do iceberg fica escondida embaixo d'água.

Para onde correm os rios?

Os rios correm para o mar ou para lagos. Ao nascer, são pequenos cursos d'água em morros e montanhas. Esses riachos descem as montanhas e vão ficando maiores e mais largos. O lugar onde o rio encontra o mar, ou flui para um lago, é conhecido como foz.

Pesquisa
Procure descobrir o nome da mais alta cachoeira do mundo. Onde ela fica?

Por que existem cachoeiras?

As cachoeiras se formam quando a água desgasta as pedras, criando um penhasco. A água então encontra um desnível e cai do alto numa espécie de piscina. As cachoeiras podem ter apenas alguns centímetros ou centenas de metros de altura!

Negócio arriscado

O salmão é um tipo de peixe. Todo ano, pescadores tentam pegá-lo enquanto ele nada de volta ao rio em que nasceu para procriar.

O que é um lago?

Lago é uma grande área cheia de água rodeada de terra. Alguns lagos são tão grandes que são chamados de mares interiores. A maior parte dos lagos é de água doce. O maior lago do mundo é o Mar Cáspio, na Ásia.

Como se formam as cavernas?

A chuva que cai sobre as pedras pode formar cavernas! A água das chuvas se mistura com um gás chamado dióxido de carbono. Isso forma um forte ácido que pode atacar as pedras, fazendo-as desaparecer. Nos subterrâneos, a água da chuva faz cavernas nas quais podemos encontrar riachos e lagos.

Como a lava forma cavernas?

Quando um vulcão entra em erupção e a lava desce pela montanha, uma caverna pode ser esculpida. Muito tempo depois da erupção, quando o vulcão já não está mais ativo, as pessoas podem andar por essa caverna de lava sem precisar se curvar.

Caverna de lava

Estalactites

Estalagmites

Superpontudas

As estalagmites crescem do chão da caverna. A água pingando se transforma em uma substância rochosa, que forma um pico.

O que é uma estalactite?

Espigões rochosos pendurados nos tetos das cavernas são chamados de estalactites. Quando escorre do teto da caverna, a água deixa pequenas quantidades de uma substância rochosa para trás. Muito lentamente, depois de um longo período de tempo, isso se transforma numa estalactite.

Importante!

As estalactites se mantêm bem presas. As estalagmites podem chegar ao teto!

De onde vem a chuva?

A chuva se forma a partir da evaporação das águas na superfície terrestre (isso também inclui os rios!). A água se move entre o mar, o ar e a terra num ciclo da água. Uma fina névoa de água sobe do mar e das plantas para o ar. Essa névoa fina forma nuvens. A água que cai das nuvens é a chuva.

Mau tempo

Todo dia há mais de 45 mil tempestades na Terra! As tempestades são mais comuns em locais tropicais, como a Indonésia.

Tornado

Como começa um tornado?

Tornados são os ventos mais rápidos da Terra. Eles se iniciam num terreno em que o ar quente sobe rapidamente, formando um funil giratório. O funil age como um aspirador de pó, destruindo prédios e levando carros e caminhões pelos ares.

Qual a velocidade de um furacão?

Um furacão pode atingir velocidades de mais de 300 km/h! Entretanto, no centro do furacão, há uma parte chamada olho, que é totalmente imóvel.

Como o ser humano prejudica a Terra?

Muitas das coisas que as pessoas fazem podem causar danos à Terra. As fábricas lançam produtos químicos no ar e na água. Florestas são derrubadas, matando a vida selvagem que nelas vive, e a fumaça dos carros polui o ar. Os cientistas vêm tentando encontrar novas formas de proteger a Terra antes que seja tarde demais.

Dica

Guarde todas as latinhas de refrigerante e garrafas vazias e leve-as a um centro de reciclagem.

Salve o planeta

Há muitas coisas que podemos fazer para proteger nosso planeta. Reciclar, coletar lixo, apagar as luzes e andar a pé são atitudes que podem fazer a diferença.

Como podemos proteger nosso planeta?

Grandes áreas de terra foram transformadas em parques nacionais, onde a vida selvagem é protegida. As pessoas podem ir até lá para aprender sobre as plantas e os animais.

Brincando em um parque

Aerogeradores

O que é energia renovável?

Queimar carvão e petróleo polui o ar. Com o tempo, esses combustíveis vão acabar. Os cientistas estão desenvolvendo formas para o uso de recursos energéticos, como o vento, que se reabastece naturalmente.

Teste

Você se lembra de tudo o que leu a respeito do Planeta Terra? Estas perguntas vão testar sua memória. Se ficar em dúvida, leia outra vez.

1. Por que a Lua parece irregular?
2. Por que temos dia e noite?
3. O que há no interior da Terra?
4. Como um fóssil se forma?
5. O que é uma cordilheira?
6. O que é a Escala Richter?
7. Como podemos nos divertir no gelo?
8. O que é um iceberg?
9. Por que existem cachoeiras?
10. Como se formam as cavernas?
11. O que é uma estalactite?
12. De onde vem a chuva?
13. Qual a velocidade de um furacão?

Respostas

1. Porque há crateras na sua superfície.
2. Porque a Terra está sempre girando em torno de si mesma.
3. Várias camadas diferentes de pedra e metal.
4. Transformando em pedra as partes duras de um animal já morto ao longo de milhões de anos.
5. Um grupo de montanhas.
6. A escala que mede a força de um terremoto.
7. De muitas formas, a patinação no gelo é uma delas.
8. Um grande pedaço de gelo que se soltou das geleiras e ficou à deriva no mar.
9. Porque a água corre sobre os penhascos e cai numa espécie de piscina.
10. Depois que um vulcão entra em erupção e a lava desce pela montanha.
11. Um espigão rochoso pendurado nos tetos das cavernas.
12. Do oceano.
13. Um furacão pode atingir velocidades de mais de 300 km/h.

Oceanos

Quais oceanos cobrem a Terra?

A Terra é coberta por cinco oceanos diferentes, e todos fluem um para o outro – Ártico, Atlântico, Pacífico, Índico e Antártico. A terra onde vivemos, os continentes, se ergue dos oceanos. Mais de dois terços da superfície da Terra é coberta pelos oceanos – há mais que o dobro de água que de terra!

O que tem no fundo do mar, além de peixes?

O solo marinho tem montanhas; áreas planas, chamadas planícies; e vales profundos ou fossas abissais. E há também imensos vulcões submarinos.

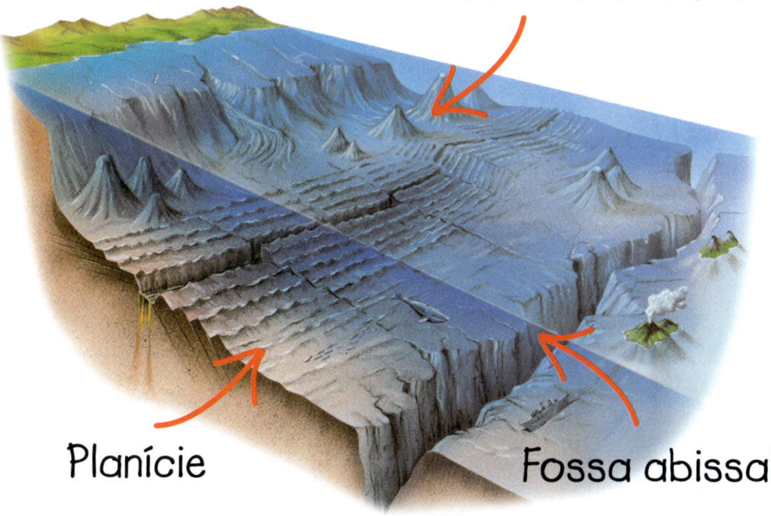

Salgada e fresca

Quase toda a água do mundo está nos oceanos. Apenas uma pequena quantidade de água doce está nos rios e lagos.

Pesquisa

Observe o mapa-múndi para descobrir onde você mora. Que oceano está perto de você?

De onde vêm as ilhas?

As ilhas "nascem" no fundo do mar. Se um vulcão subaquático entra em erupção, ele lança lava quente e pegajosa. Na água, ela esfria e endurece. Camadas de lava vão se sobrepondo até que uma nova ilha começa a aparecer acima das ondas.

Como se chamam os grupos de peixes?

Alguns peixes vivem em grupos enormes, os cardumes, muitas vezes chamados de escolas de peixes. Isso pode protegê-los de caçadores famintos. Há milhares de tipos diferentes de peixes no mar. A maioria tem o corpo coberto por escamas brilhantes e usa as barbatanas e a cauda para nadar. Os peixes têm brânquias que captam o oxigênio da água para que possam respirar.

Testando

Como um grupo de peixes é chamado? Leia esta página e descubra a resposta.

Qual peixe se parece com um remo?

O peixe-remo – que, às vezes, é tão comprido quanto quatro canoas enfileiradas! É o mais longo dos peixes ósseos e pode ser encontrado em todos os oceanos do mundo. O peixe--remo tem uma brilhante barbatana vermelha ao longo de suas costas. Eles atravessam a água na vertical.

Peixe-remo

Voando alto

Os peixes não sobrevivem fora d'água por muito tempo, mas o peixe-voador pode saltar acima das ondas quando nada em alta velocidade. Realmente parece que eles voam quando usam suas barbatanas para planar no ar.

Peixe-lua

Qual peixe gosta de tomar sol?

O peixe-lua! E o peixe-lua oceânico é enorme, chega a pesar mais de 1 tonelada – é quase o mesmo peso de um carro pequeno! Ele nada na superfície, como se estivesse tomando um banho de sol!

Qual é o tubarão mais assustador?

O grande tubarão-branco é o mais assustador de todos. Esse peixe enorme chega a nadar a até 30 km/h. Ao contrário da maioria dos peixes, o grande tubarão-branco tem sangue quente. Isso permite que seus músculos trabalhem bem, mas significa também que ele necessita comer muita carne. Os grandes tubarões-brancos são caçadores ferozes. Eles vão atacar e comer quase tudo, mas seu “prato predileto” são as focas.

Quando uma baleia não é baleia?

Quando se trata de uma orca. Apesar de também serem chamadas de baleias-assassinas, elas não são baleias, e sim os maiores membros da família dos golfinhos. As orcas matam e comem quase tudo que há no mar, de pequenos peixes e aves marinhas até uma baleia enorme.

Orca atacando um leão-marinho

Nham! Nham!

A maior parte dos tubarões é carnívora. Os arenques são o alimento favorito dos cações-mangonas e dos tubarões-raposas, enquanto um tubarão-tigre se satisfaz com qualquer coisa.

Quando um tubarão parece um cachorrinho?

Quando é um filhote. Alguns filhotes crescem dentro da barriga de suas mães. Outros saem de ovos e vão direto para o mar.

Desenhando

Pegue suas canetinhas e faça sua versão do fundo do mar. Inclua um grande tubarão-branco no desenho.

Quem constrói paredes no fundo do mar?

Animais minúsculos erguem paredes submarinas feitas de coral: restos de esqueletos de minúsculos animais marinhos chamados pólipos. Ao longo de milhões de anos, esses esqueletos foram se acumulando. Elas são o que chamamos de recife de coral. Todos os tipos de criaturas vivem ao redor do recife.

Olho vivo!
Você sabe onde fica a Grande Barreira de Coral? Observe atentamente o mapa-múndi e descubra.

Como os peixes se mantêm limpos?

O bodião-limpador é um peixe pequeno que ajuda os outros peixes a se manterem limpos! Peixes maiores, como as garoupas e as enguias, visitam o bodião-limpador, que mordisca todos os insetos e restos de sujeira dos corpos desses peixes – que banquete!

Superbarreira

Dá para ver a Grande Barreira de Coral lá do espaço! Com mais de 2.000 km de comprimento, é a maior coisa já construída por seres vivos.

Qual peixe se parece com um palhaço?

O peixe-palhaço! Esses peixes têm um colorido brilhante, como os palhaços de circo. Eles vivem entre os braços venenosos (tentáculos) da anêmona-do-mar, onde ficam protegidos de seus inimigos.

Por que as baleias são tão grandes?

As baleias chegaram ao tamanho que têm porque vivem na água. A água ajuda a sustentar sua enorme massa. A baleia-azul é o maior animal dos oceanos – e do planeta todo. Ela tem cerca de 30 metros de comprimento e pode pesar mais de 150 toneladas. Todo dia, ela come cerca de 4 toneladas de minúsculas criaturas, parecidas com camarões, chamadas *krill*.

Qual é o som das baleias?

Todas as baleias emitem sons, como gritos e gemidos. A baleia--corcunda macho parece cantar, provavelmente para atrair uma companheira. E é capaz de repetir sua música por mais de 20 horas!

Baleia-corcunda

Grudentas!

As cracas são mariscos. Elas ficam grudadas em navios ou no corpo de baleias-cinzentas e outros animais marinhos grandes.

Meu tamanho

A baleia-azul tem 30 metros de comprimento. Que tal você descobrir quanto você mede?

Qual baleia tem presas?

O narval tem uma presa como a de um unicórnio. Essa presa, um dente comprido e retorcido que sai de sua cabeça, pode chegar a ter 3 metros de comprimento. Os machos usam as presas como arma quando disputam uma fêmea.

Quais leões vivem no mar?

Leões-marinhos, focas e morsas são animais de sangue quente que se adaptaram à vida no mar, porém não são do tipo que ruge e tem juba. Eles possuem nadadeiras em vez de pernas, muito mais úteis para nadar. Uma grossa camada de gordura sob a pele os mantém aquecidos na água fria.

Você sabia?
Baleias, golfinhos, focas e outros mamíferos marinhos podem gerar o próprio calor e manter a temperatura do seu corpo estável. Assim como os humanos, são animais de "sangue quente"!

Lontra-marinha

Quem dorme nas algas?

As lontras-marinhas! Elas vivem em florestas de algas gigantes. Quando dormem, envolvem seus corpos com fios de algas para não serem levadas pelo mar.

Foca cantora!

A foca-leopardo canta enquanto dorme! Essas focas, encontradas na Antártida, chilreiam e assobiam durante o sono.

Como as morsas mudam de cor?

As morsas parecem mudar de cor. Na água fria, sua cor pode variar do castanho-claro ao branco. Isso porque o sangue é drenado pela pele, impedindo que seu corpo perca calor. Em terra, o sangue volta à pele e a morsa parece ficar cor-de-rosa.

Onde as aves marinhas fazem seus ninhos?

A maioria das aves marinhas faz seus ninhos nos penhascos. O papagaio-do-mar cava tocas no topo dos penhascos, como um coelho. Às vezes, eles até se apropriam da toca vazia de um coelho. Ali eles botam seus ovos. Tanto o pai quanto a mãe cuidam dos filhotes desde o momento em que eles saem dos ovos.

Papagaio-do-mar

Como as aves marinhas dormem?

O albatroz-gigante é a maior ave marinha e passa meses no mar. É um ótimo planador e chega até a dormir em voo. Para comer, essas aves ficam na superfície da água e capturam criaturas como as lulas. A envergadura das asas de um albatroz tem cerca de 3 metros – mais ou menos o mesmo comprimento de um carro de passeio!

Saltitando!

A menor ave marinha é a alma-de-mestre, com comprimento de 16 a 19 cm. Ela é encontrada sobre os oceanos Atlântico, Índico e Antártico. Esse petrel saltita pela superfície da água, aguardando minúsculas criaturas do mar para comer.

Quais aves gostam de dançar?

Os patolas-de-pés-azuis são aves marinhas que vivem em grandes grupos. Os machos têm os pés azuis. Quando estão à procura de uma companheira, eles dançam diante da fêmea para atraí-la com seus pés coloridos!

Como os ursos-polares aprendem a nadar?

Eles aprendem a nadar quando são filhotes, seguindo as mães. Com suas grandes patas dianteiras, os ursos remam na água. Eles são capazes de nadar por muitas horas. Os ursos-polares vivem no congelante oceano Ártico.

Imaginação

Faça de conta que você é um urso-polar e imagine a vida no Polo Norte.

Pinguim-gentoo

Por que os pinguins não voam?

Porque, em vez disso, eles nadam muito rápido! O mais ligeiro deles é o pinguim-gentoo. Ele chega a atingir 27 km/h embaixo d'água.

O grande e o pequeno!

O menor pinguim do mundo é o pinguim-azul, que tem 40 cm de altura. O maior de todos é o pinguim--imperador, com 1,30 m – mesmo tamanho de uma criança de 7 anos de idade!

Pinguim-imperador

Qual papai pinguim gosta de ficar de babá?

O papai pinguim-imperador cuida de seus filhotes. A fêmea põe um ovo e o deixa com o companheiro, que irá aquecê-lo. O macho equilibra o ovo nos pés para mantê-lo fora do gelo. E fica sem comer até o filhote sair do ovo. Quando isso acontece, a mãe volta e, ao lado do pai, cuida do pequeno.

Por que as algas marinhas são comestíveis?

Alguns tipos de algas marinhas são comestíveis ou usadas na preparação de outros alimentos porque não são tóxicas. Ao contrário das algas de água doce, que em geral são tóxicas e podem fazer mal à saúde. As algas são bastante usadas em pratos típicos do Japão, da China e da Coreia.

Lista

Faça uma lista de coisas do mar que você pode comer. O que você já experimentou?

Como obtemos o sal do mar?

O sal é encontrado na água do mar, que é salgada. Em áreas quentes e baixas, as pessoas constroem muros para reter piscinas de água do mar. A água seca ao sol, deixando os cristais de sal.

Armadilha para lagosta

Como as lagostas são capturadas?

Lagostas são crustáceos grandes e comestíveis. Os pescadores as capturam em gaiolas de madeira chamadas covos. Atraídas por peixes mortos colocados nessas gaiolas, as lagostas empurram a porta em busca do alimento. E, uma vez lá dentro, elas não conseguem sair.

Ostras peroladas

As pérolas crescem dentro de ostras. Quando um grão de areia fica preso dentro de uma ostra, lentamente ela libera uma substância que envolve o grão intruso e ele não fica em contato com o interior dela. Camadas e camadas dessa substância formam a pérola.

Como as chaminés do fundo do mar funcionam?

Nesses lugares, a água do mar penetra em pequenas rachaduras que vão fundo na crosta terrestre – algumas com até 2 km de profundidade – e a temperatura ali pode chegar a 400°C. O fluido, quente e rico em minerais dissolvidos, é expelido de volta para as águas geladas do oceano, criando um efeito semelhante ao de fumaça no ar. A enorme pressão impede que a água quente entre em ebulição. A água quente cheia de minérios serve de alimento para animais exóticos como aranhas marinhas e vermes tubulares.

Aldeia aquática

Em 1963, o mergulhador Jacques Cousteau construiu uma aldeia no leito do Mar Vermelho. E morou lá com outros quatro mergulhadores por um mês.

Por que não existem monstros marinhos?

Há muitos e muitos anos, na época das grandes navegações, o homem acreditava que no fundo do mar havia monstros marinhos. Na verdade, muitas criaturas que viveram no nosso planeta podem ser consideradas assustadoras. A lula--gigante, por exemplo, pode ter sido confundida com um monstro. Ela tem longos tentáculos, e seus olhos são do tamanho de um prato raso.

O que é uma sereia?

As sereias são estranhas criaturas com corpo de mulher e uma longa cauda de peixe – mas elas não são reais. As pessoas achavam que elas moravam no mar e encantavam os marinheiros com seu lindo canto.

Lista

Você se lembra de alguma história ou filme sobre sereias? Que tal escrever sua própria história?

Como os mergulhadores respiram no fundo do mar?

Os mergulhadores carregam tanques cheios de oxigênio (ar) presos nas costas. Um longo tubo fornece o ar para eles.

Experimentando

Tente usar óculos de natação no banho. Pegue alguns brinquedos e veja como os mergulhadores enxergam dentro d'água.

Jet ski

O que é um *jet ski*?

O *jet ski* é uma espécie de motocicleta sem rodas que anda sobre a água. Ele movimenta um jato d'água atrás de si que o impulsiona para a frente. Durante competições, alguns participantes atingem velocidades de até 100 km/h.

Como as pessoas podem andar na água?

Em pranchas de surfe. Esse esporte se tornou popular na década de 1950. As pranchas modernas são feitas com um material superleve. As pessoas ficam em pé em cima das pranchas e deslizam sobre as ondas. Os melhores locais do mundo para a prática do surfe são as costas do México e do Havaí.

Surfista

Recorde aquático!

Um único barco rebocando 100 esquiadores aquáticos! Esse recorde foi batido na costa da Austrália em 1986 e nunca mais foi superado. O barco de arrasto era um cruzador chamado "Reef Cat".

Teste

Você se lembra de tudo o que leu a respeito dos oceanos? Estas perguntas vão testar sua memória. Se ficar em dúvida, leia outra vez.

1. O que tem no fundo do mar, além de peixes?
2. Como se chamam os grupos de peixes?
3. Qual peixe se parece com um remo?
4. Quando uma baleia não é baleia?
5. Qual baleia tem presas?
6. Quem dorme nas algas?
7. Onde as aves marinhas fazem seus ninhos?
8. Como as aves marinhas dormem?
9. Como os ursos-polares aprendem a nadar?
10. Qual papai pinguim gosta de ficar de babá?
11. Por que as algas marinhas são comestíveis?
12. O que é uma sereia?
13. Como os mergulhadores respiram no fundo do mar?

Respostas

1. O solo marinho tem montanhas, áreas planas e vales profundos.
2. Cardumes ou escolas.
3. O peixe-remo.
4. Quando se trata de uma orca, que, na realidade, não é uma baleia, e sim o maior membro da família dos golfinhos.
5. O narval.
6. As lontras-marinhas.
7. Nos penhascos.
8. Voando!
9. Os ursos-polares aprendem a nadar seguindo as mães.
10. O pinguim-imperador.
11. Porque alguns tipos de algas marinhas não são tóxicas.
12. Uma estranha criatura que é metade mulher e metade peixe, mas não é real.
13. Carregando tanques de oxigênio nas costas.

Glossário

Articulação
É a junção entre dois ou mais ossos ou partes rígidas do esqueleto. Serve de apoio de uma parte em relação à outra, dando mobilidade ao corpo.

Bando
Agrupamento de pessoas ou animais.

Brânquia
Órgão respiratório dos animais aquáticos, também conhecido como guelra.

Camuflar-se
Ocultar ou tornar difícil de se perceber ou distinguir um organismo (vegetal ou animal) no meio em que vive habitualmente.

Carnívoro
Que se alimenta de carne de outros animais.

Célula
A menor parte de um ser vivo. Ela funciona por conta própria.

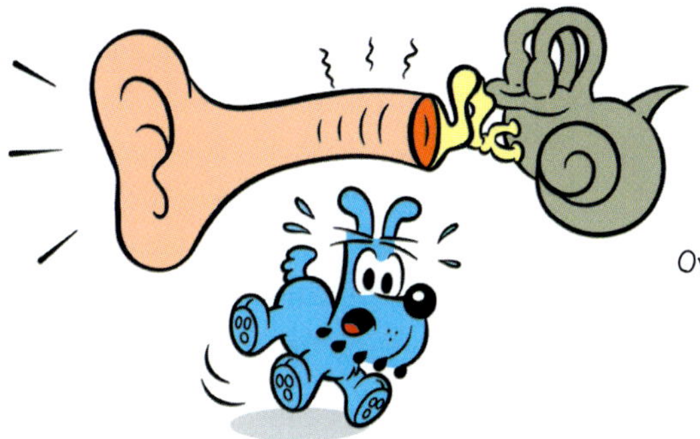

Cóclea
Órgão pequeno em forma de espiral que existe dentro da orelha e converte as vibrações sonoras em sinais nervosos que são enviados para o seu cérebro.

Crustáceos
Animais invertebrados aquáticos pertencentes ao filo dos artrópodes: camarões, lagostas, cracas, caranguejos e siris.

Cutícula
Pele um pouco mais dura que contorna as unhas.

Dente de ovo
Pequena protuberância em forma de dente localizada na maxila das aves. Sua função é quebrar as membranas do ovo no momento da eclosão.

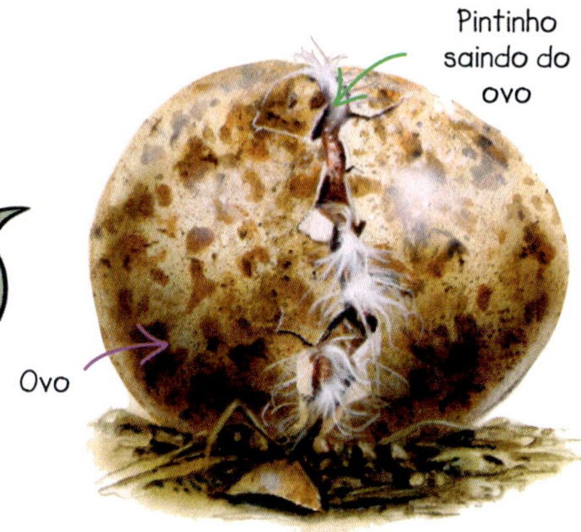

Desmatamento
Derrubada de árvores e destruição de matas, que pode causar graves alterações no ecossistema.

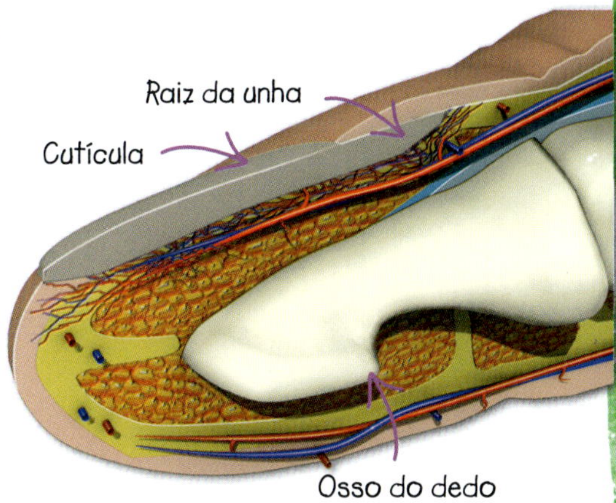

Ebulição
Transformação de um líquido em vapor.

Eclodir
Sair da casca do ovo, carapuça ou pupa.

Envergadura
Distância maxima entre as extremidades de uma ave ou de qualquer animal que voa.

Erupção
Emissão violenta de lavas, cinzas e fumaça pela cratera de um vulcão.

Espessura
Quão grosso algo pode ser.

Esqueleto
Estrutura de ossos que sustenta o corpo dos seres vivos vertebrados.

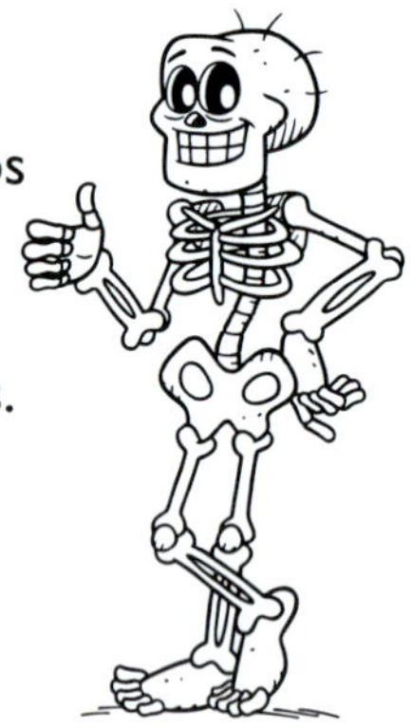

Esterco
Fezes de animais.

Expirar
Deixar sair o ar dos pulmões.

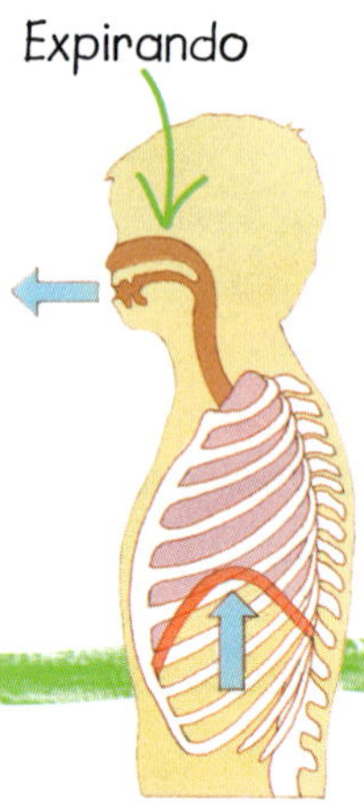

Extinção
Desaparecimento definitivo de uma espécie animal ou vegetal.

Fluido
Substância líquida.

Germes
Micróbios que dão origem a doenças.

Girino
Larva de alguns anfíbios, como sapos e rãs, em forma de peixe com cauda longa. Desenvolve-se na água e sofre uma transformação antes de chegar ao estado adulto, quando passa a viver na terra.

Glândula
Conjunto de células, tecido ou órgão que produz secreção a ser lançada no sangue, em um canal ou cavidade.

Glóbulos brancos
Células do sangue que ajudam a combater invasores, como um vírus.

Glóbulos vermelhos
Células do sangue que levam o oxigênio pelo corpo.

Habitat
Lugar em que vive um organismo que tem condições favoráveis à sua sobrevivência.

Impressão digital
Desenho formado pelas elevações da pele nas pontas dos dedos das mãos. São únicas em cada indivíduo, até mesmo entre irmãos gêmeos.

Inspirar
Inalar e fazer entrar ar nos pulmões.

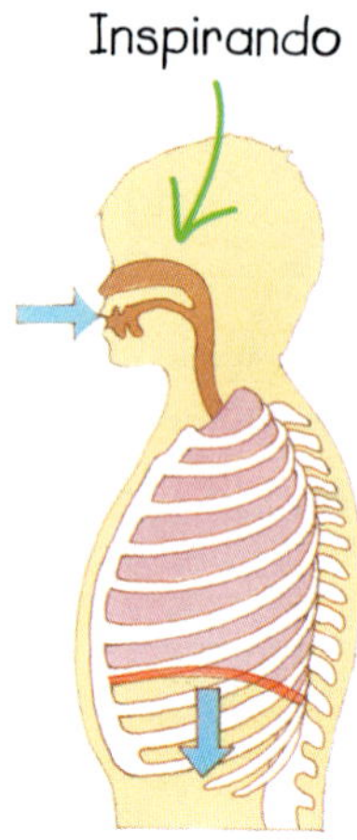

Juba
Pelos volumosos que rodeiam a cabeça e o pescoço de alguns mamíferos, como o leão.

Leito
Fundo de um rio, lago ou oceano por onde correm suas águas.

Magma
Líquido de altíssima temperatura encontrado em locais muito profundos abaixo da superfície da Terra, que ás vezes é lançado para fora pelos vulcões.

Mamífero
Espécie animal de vertebrados que se caracteriza por os animais terem o corpo revestido de pelos e sangue quente e alimentarem-se, quando filhotes, de leite produzido pelas fêmeas.

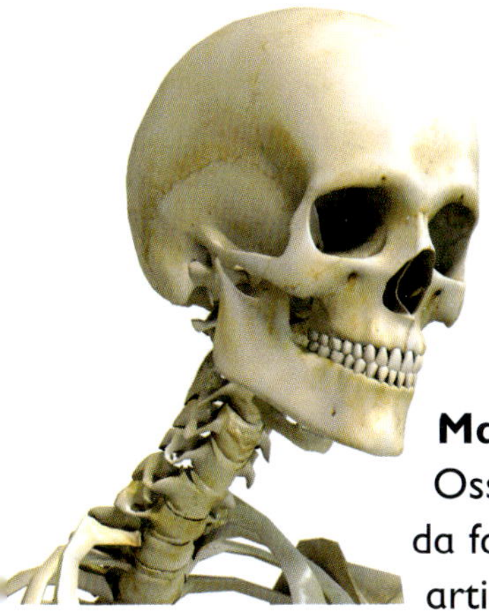

Mandíbula
Osso móvel da face. Sua articulação permite os movimentos de abrir e fechar a boca.

Mariscos
Animais com concha extraídos do mar ou da água doce, usados na alimentação humana. Conhecidos também como frutos do mar.

Medula
Substância gordurosa encontrada em muitos dos ossos, na qual as células do sangue são produzidas.

Meteorito
Fragmento de um corpo celeste que atravessa a atmosfera e cai sobre a Terra.

Minério
Rocha ou mineral do qual é possível extrair metais ou outras substâncias úteis.

Múmia
Cadáver com pele e órgãos preservados com produtos químicos.

Névoa
Vapor de água suspenso nas camadas da atmosfera próximo à superfície que pode prejudicar a visibilidade.

Orbitar
Girar em torno de um planeta ou outro corpo celeste.

Órgão
Complexa parte do corpo que executa um trabalho específico, como o cérebro ou o estômago.

Oxigênio
Gás sem cor e sem cheiro encontrado no ar, vital para os seres vivos.

Predador
Animal que mata outro animal para alimentar-se dele.

Presa
Animal abatido por outro animal para servir de alimento.

Reciclagem
Reaproveitamento de algo para a elaboração de novos produtos (reciclagem de sucata e de lixo, por exemplo). Também pode ser o seu próprio reaproveitamento em boas condições (reciclagem de água poluída, por exemplo).

Transpirar
Eliminar suor pelos poros, suar.

Viscoso
Líquido muito espesso que escorre lentamente.

índice

A

B

C

D

E

F

N

O

P

Q

R

S

T

U

V

Z

Créditos

Fotos: 13 llaszlo/Shutterstock.com; 15 Chris Kruger/Shutterstock.com; 19 Judy Whitton/ Fotolia.com; 22 Pal Teravagimov/Shutterstock.com; 32 Kitch Bain/Shutterstock.com; 35 tratong/Shutterstock.com; 36 THPStock/Shutterstock.com; 37 Benjamon Albiach Galan/ Shutterstock.com; 43 Steve Buland/Dreamstime.com; 46 Hedrus/Shutterstock.com; 50 hilton123/iStockphoto.com; 55 stendenmi/iStockphoto.com; 57 javarman/Shutterstock.com; 58 Rawpixel Ltd/iStockphoto.com; 59 Vladimir Wrangel/Shutterstock.com; 61 Sara Roinson/ Shutterstock.com; 65 Pete Oxford/Minden Pictures/FLPA; 68 Cyril Ruoso/Minden Pictures/ FLPA; 71 bobascott/Shutterstock.com; 76 smokyme/iStockphoto.com; 78 (cr) smokyme/ iStockphoto.com; 79 Frederick R. Matzen/Shutterstock.com; 80-81 Tomasz Trojanowski/ Shutterstock.com; 82 Sergey Novikov/Shutterstock.com; 83 (mão) TungCheung/Shutterstock. com; 84 Ralf Juergen Kraft/Shutterstock.com; 86-87 Frederick R. Matzen/Shutterstock. com; 87 Jaren Jai/Wicklund/Shutterstock.com; 88-89 Alila Medical Media/Shutterstock. com; 89 SpeedKingz/Shutterstock.com; 90-91 Elena Schweitzer/Shutterstock.com; 91 Vinicius Tupinamba/Shutterstock.com; 97 Emolaev Alexander/Shutterstock.com; 99 beerkoff/ Shutterstock.com; 100-101 (centro) Ljupco Smokovski/Shutterstock.com; 101 (superior à direita) picturepartners/Shutterstock.com; 110 Lowell Georgia/Getty Images; 111 (centro) Volodymyr Golnyk/Shutterstock.com; 111 (inferior à direita) airphoto.gr/Shutterstock.com; 113 Galyna Andrushko/Shutterstock.com; 115 (esquerda) Menna, (centro) Joseph Sohm, (direita) yankane/Shutterstock.com; 116 Shutterstock.com; 117 Sergey Nivens/Shutterstock. com; 118 Vadim Petrokov/Shutterstock.com; 119 zschnepf/Shutterstock.com; 121 (direita), Filip Fuxa (esquerda), Douglas Knight/Shutterstock.com; 123 Minerva Studio/Shutterstock. com; 124 Fedorov Oleksiy/Shutterstock.com; 125 (direita), oliveromg (esquerda), Stephen Meese/Shutterstock.com; 132 Magens Trolle/Shutterstock.com; 137 melissaf84/Shutterstock. com; 138 Mariusz Potocki/Shutterstock.com; 139 Heather A. Craig/Shutterstock.com; 140 Spumador/Shutterstock.com; 141 Mariko Yuki/Shutterstock.com; 142 Fotokon/Shutterstock. com; 143 ChameleonEye/Shutterstock.com; 144 Distinctive Images/Shutterstock.com; 145 Ethan Daniels/Shutterstock.com; 146 JonMilnes/Shutterstock.com. Todas as outras fotografias pertencem a digitalSTOCK, digitalvision, Image State, John Foxx, PhotoAlto, PhotoDisc, PhotoEssentials, PhotoPro, Stockbyte.

Os editores agradecem pelo fornecimento das fotografias a todos os parceiros. Todos os esforços possíveis foram feitos para identificar os autores das fotos e pedimos desculpas por qualquer erro ou omissão.

Infográficos: Stephan Davis, Jennifer Barker, Thom Allaway
Desenhos realistas: Miles Kelly Artwork Bank